Taschenbücher aus dem
Gesamtwerk von Rudolf Steiner

Rudolf Steiner

Die Mystik

im Aufgange des neuzeitlichen Geisteslebens und ihr Verhältnis zur modernen Weltanschauung

Rudolf Steiner Verlag
Dornach/Schweiz

Herausgegeben von der Rudolf Steiner-Nachlaßverwaltung

1. Auflage Berlin 1901

Ungekürzte Ausgabe nach dem gleichnamigen Band
der Rudolf Steiner Gesamtausgabe
(Bibliographie-Nr. 7, ISBN 3-7274-0070-6)
5. Auflage (12.–15. Tsd.) Dornach 1960

Taschenbuchausgabe
1.–10. Tsd. Dornach 1977

Bestell-Nr. tb 623

Printed in Switzerland by Zbinden Druck und Verlag AG, Basel

ISBN 3-7274-6230-2

INHALT

Vorwort zur zweiten Auflage (1924) 7
Vorwort zur ersten Auflage (1901) 10
Einführung 15
Meister Eckhart 39
Gottesfreundschaft 53
Der Kardinal Nicolaus von Kues 77
Agrippa von Nettesheim und Theophrastus Paracelsus 100
Valentin Weigel und Jacob Böhme 119
Giordano Bruno und Angelus Silesius 130
Ausklang 141
Nachträge zur zweiten Auflage (1924) 147

Anmerkungen zu dieser Ausgabe 149
Personenregister 167
Literaturhinweis 169
Rudolf Steiner – Leben und Werk 170

VORWORT ZUR ZWEITEN AUFLAGE

In dieser Schrift habe ich vor mehr als zwanzig Jahren die Frage beantworten wollen: Warum stoßen eine besondere Form der Mystik und die Anfänge des gegenwärtigen naturwissenschaftlichen Denkens in der Zeit vom dreizehnten bis zum siebenzehnten Jahrhundert aufeinander.

Ich wollte nicht eine «Geschichte» der Mystik dieser Zeit schreiben, sondern nur diese Frage beantworten. Etwas an dieser Beantwortung zu ändern, geben die Veröffentlichungen, die seit zwanzig Jahren über den Gegenstand erfolgt sind, nach meiner Meinung, keine Veranlassung. Die Schrift kann daher im wesentlichen unverändert wieder erscheinen.

Die Mystiker, von denen hier gesprochen wird, sind letzte Ausläufer einer Forschungs- und Denkungsart, die in ihren Einzelheiten dem gegenwärtigen Bewußtsein fremd gegenübersteht. Nur die Seelenstimmung, die in dieser Forschungsart gelebt hat, ist in innigen Naturen der Gegenwart vorhanden. Die Art, die Dinge der Natur anzusehen, mit der vor dem hier gekennzeichneten Zeitalter diese Seelenstimmung verbunden war, ist nahezu verschwunden. Die gegenwärtige Naturforschung ist an ihre Stelle getreten.

Die Reihe der Persönlichkeiten, die hier charakterisiert werden, vermochten nicht die einstmalige Forschungsart in die Zukunft hinüber zu tragen. Sie entspricht nicht mehr den Erkenntniskräften, die sich vom dreizehnten und vierzehnten Jahrhundert an in der europäischen Menschheit entwickeln. Nur wie Reminiszenzen an Vergangenes sieht sich an, was Paracelsus oder Jacob Böhme noch von dieser Forschungsart bewahren. Im wesentlichen bleibt den sinnenden Menschen die Seelenstimmung. Und für diese suchen sie einen Impuls in den Neigungen der Seele selbst, während sie ehedem in der Seele aufleuchtete, wenn diese die Natur beobachtete. Mancher, der heute zur Mystik neigt, wird die mystischen Erlebnisse nicht in Anlehnung an das entzünden wollen, was die gegenwärtige Naturforschung sagt, sondern an das, was die Schriften der hier geschilderten Zeit enthalten. Dadurch aber wird er ein Fremdling gegenüber dem, was die Gegenwart am meisten beschäftigt.

Es könnte nun scheinen, als ob die gegenwärtige Naturerkenntnis, in ihrer Wahrheit gesehen, keinen Weg anzeigte, der so die Seele stimmen könnte, daß sie in mystischem Schauen das Licht des Geistes findet. Warum finden mystisch gestimmte Seelen zwar Befriedigung bei dem Meister Eckhart, bei Jacob Böhme usw.; nicht aber in dem Buche der Natur, soweit dieses heute durch die Erkenntnis aufgeschlagen vor dem Menschen liegt?

Die Gestalt, in der über dieses Buch heute zumeist gesprochen wird, kann allerdings nicht in die mystische Seelenstimmung führen.

Daß aber so nicht gesprochen werden muß, darauf will diese Schrift hinweisen. Es wird dies dadurch versucht, daß auch von solchen Geistern gesprochen wird, die aus der Seelenstimmung der alten Mystik ein Denken entwickeln, das auch die neueren Erkenntnisse in sich aufnehmen kann. Das ist bei Nikolaus von Kues der Fall.

An solchen Persönlichkeiten zeigt sich, daß auch die gegenwärtige Naturforschung einer mystischen Vertiefung fähig ist. Denn ein Nikolaus von Kues könnte sein Denken in diese Forschung hinüberführen. Man hätte zu seiner Zeit die alte Forschungsart ablegen, die mystische Stimmung bewahren, und die moderne Naturforschung annehmen können, wenn sie schon dagewesen wäre.

Was aber die Menschenseele mit einer Forschungsart verträglich findet, das muß sie auch aus ihr gewinnen können, wenn sie stark genug dazu ist.

Ich habe die Wesensart der mittelalterlichen Mystik darstellen wollen, um darauf hinzuweisen, wie sie sich losgelöst von ihrem Mutterboden, der alten Vorstellungsart, als selbständige Mystik ausbildet, sich aber nicht erhalten kann, weil ihr die seelische Impulsivität nunmehr fehlt, die sie in alten Zeiten durch die Forschung gehabt hat.

Das führt zu dem Gedanken, daß die zur Mystik führenden Elemente der neueren Forschung gesucht werden müssen. Aus dieser kann dann die seelische Impulsivität wieder gewonnen werden, die nicht bei dem dunklen mystischen, gefühlsverwandten Innenleben stehen bleibt, sondern von dem mystischen Ausgangspunkte aus zur Geisterkenntnis aufsteigt. Die mittelalterliche Mystik verkümmerte, weil sie den Untergrund der Forschung verloren hatte, der den Seelenkräften hinauf die Richtung zum Geiste gibt. Anregen will dies Büchlein dazu, die nach der geistigen Welt richtunggebenden Kräfte aus der rechtverstandenen neueren Forschung zu gewinnen.

Goetheanum in Dornach bei Basel

Herbst 1923 *Rudolf Steiner*

VORWORT ZUR ERSTEN AUFLAGE

Was ich in dieser Schrift darstelle, bildete vorher den Inhalt von Vorträgen, die ich im verflossenen Winter in der theosophischen Bibliothek zu Berlin gehalten habe. Ich wurde von Gräfin und Grafen *Brockdorff* aufgefordert, über die Mystik vor einer Zuhörerschaft zu sprechen, der die Dinge eine wichtige Lebensfrage sind, um die es sich dabei handelt. – Vor zehn Jahren hätte ich es noch nicht wagen dürfen, einen solchen Wunsch zu erfüllen. Nicht als ob damals die Ideenwelt, die ich heute zum Ausdruck bringe, noch nicht in mir gelebt hätte. Diese Ideenwelt ist schon ganz in meiner «Philosophie der Freiheit» enthalten. Um aber diese Ideenwelt *so* auszusprechen, wie ich es heute tue, und sie so zur Grundlage einer Betrachtung zu machen, wie es in dieser Schrift geschieht, dazu gehört noch etwas ganz anderes, als von ihrer gedanklichen Wahrheit felsenfest überzeugt sein. Dazu gehört ein intimer Umgang mit dieser Ideenwelt, wie ihn nur viele Jahre des Lebens bringen können. Erst jetzt, nachdem ich diesen Umgang genossen habe, wage ich, so zu sprechen, wie man es in dieser Schrift wahrnehmen wird.

Wer nicht *unbefangen* auf meine Ideenwelt eingeht, entdeckt in ihr Widerspruch über Widerspruch. Ich habe erst kürzlich ein Buch über die Weltanschauungen des neunzehnten Jahrhunderts (Berlin 1900) dem großen Naturforscher *Ernst Haeckel* gewidmet, und es in eine Rechtfertigung seiner Gedankenwelt ausklingen lassen. Ich spreche in den folgenden Ausführungen voll zustimmender Hingebung über die Mystiker vom *Meister Eckhart* bis *Angelus Silesius*. Von anderen «Widersprüchen», die mir der oder jener noch vorzählt, will ich gar nicht sprechen. – Ich bin nicht verwundert darüber, wenn ich von der einen Seite als «Mystiker», von der anderen als «Materialist» verurteilt werde. – Wenn ich finde, daß der Jesuitenpater Müller eine schwierige chemische Aufgabe gelöst hat, und ich ihm deshalb rückhaltlos *in dieser Sache* zustimme, so darf man mich wohl nicht als Anhänger des Jesuitismus verurteilen, ohne bei Einsichtigen als Tor zu gelten.

Wer gleich mir seine eigenen Wege wandelt, muß manches Mißverständnis über sich ergehen lassen. Er kann das aber im Grunde leicht ertragen. Sind ihm solche Mißverständnisse zumeist doch selbstverständlich, wenn er sich die Geistesart seiner Beurteiler vergegenwärtigt. Ich sehe nicht ohne humoristische Empfindungen auf manche «kritische» Urteile zurück, die ich im Laufe meiner Schriftstellerlaufbahn erfahren habe. Im Anfange ging die Sache. Ich schrieb über Goethe und in Anknüpfung an diesen. Was ich da sagte, klang manchem so, daß er es in seine Denkschablonen unterbringen konnte. Man tat das, indem man sagte: Es «darf eine Arbeit wie *Rudolf Steiners* Einleitungen zu den naturwissenschaftlichen Schriften Goethes geradezu als das beste bezeichnet werden, was in dieser Frage überhaupt geschrieben worden ist». Als ich später eine selbständige Schrift veröffentlichte, war ich schon um ein gut Teil dümmer geworden. Denn nun gab ein wohlmeinender Kritiker den Rat: «Bevor er weiter fortfährt, zu reformieren und seine ‚Philosophie der Freiheit' in die Welt setzt, ist ihm dringend anzuraten, sich erst zu einem Verständnisse jener beiden Philosophen (Hume und Kant) hindurchzuarbeiten.» Der Kritiker kennt leider bloß, was er in Kant und Hume zu lesen versteht; er rät mir also im Grunde nur, mir bei diesen Denkern auch nichts weiter vorzustellen wie er. Wenn ich das erreicht haben werde, wird er mit mir zufrieden sein. – Als nun meine «Philosophie der Freiheit» erschien, war ich einer Beurteilung wie der unwissendste Anfänger bedürftig. Sie ließ mir ein Herr zuteil werden, den wohl kaum etwas anderes zum Bücherschreiben nötigt, als die Tatsache, daß er unzählige fremde – nicht verstanden hat. Er belehrt mich tiefsinnig, daß ich meine Fehler bemerkt hätte, wenn ich «tiefere psychologische, logische und erkenntnistheoretische Studien gemacht hätte»; und er zählt mir gleich die Bücher auf, die ich lesen soll, damit ich so klug werde wie er: «Mill, Sigwart, Wundt, Riehl, Paulsen, B. Erdmann». – Besonders ergötzlich war mir der Rat eines Mannes, dem es so sehr imponiert, wie er Kant «versteht», daß er sich gar nicht denken kann, jemand habe Kant *gelesen* und urteile doch anders als er. Er gibt mir daher gleich die betreffenden Kapitel in Kants Schriften an, aus denen ich ein ebenso tiefgründiges Kantverständnis schöpfen könne, wie er es hat.

Ich habe ein paar *typische* Beurteilungen meiner Ideenwelt hieher gesetzt. Obwohl sie an sich unbedeutend sind, scheinen sie mir doch geeignet zu sein, als Symptome auf Tatsachen zu weisen, die heute als schwere Hindernisse sich dem in den Weg stellen, der sich in den höheren Erkenntnisfragen schriftstellerisch betätigt. Ich muß schon meinen Weg gehen, gleichgültig, ob der eine mir den guten Rat gibt, Kant zu lesen; oder ob der andere mich verketzert, weil ich Haeckel zustimme. Und so habe ich denn auch über die Mystik geschrieben, gleichgültig darüber, was ein gläubiger Materialist auch urteilen mag. Ich möchte bloß – damit nicht ganz unnötig Druckerschwärze verschwendet werde – denjenigen, die mir vielleicht jetzt raten, Haeckels «Welträtsel» zu lesen, mitteilen, daß ich in den letzten Monaten etwa dreißig Vorträge über dieses Buch gehalten habe.

Ich hoffe in meiner Schrift gezeigt zu haben, daß man ein treuer Bekenner der naturwissenschaftlichen Weltanschauung sein und doch die Wege *nach der Seele* aufsuchen kann, welche die *richtig verstandene* Mystik führt. Ich gehe sogar noch weiter und sage: Nur wer den Geist im Sinne der *wahren* Mystik erkennt, kann ein volles Verständnis der Tatsachen in der Natur gewinnen. Man darf wahre Mystik nur nicht verwechseln mit dem «Mystizismus» verworrener Köpfe. Wie die Mystik irren kann, habe ich in meiner «Philosophie der Freiheit» S. 139f.* gezeigt.

Berlin, September 1901 *Rudolf Steiner*

*[Ausg. 1962 u. 1973; Kap. VIII: Die Faktoren des Lebens]

Es gibt Zauberformeln, die durch die Jahrhunderte der Geistesgeschichte hindurch in immer neuer Art wirken. In Griechenland sah man eine solche Formel als Wahrspruch Apollons an. Sie ist: «Erkenne dich selbst.» Solche Sätze scheinen ein unendliches Leben in sich zu bergen. Man trifft auf sie, wenn man die verschiedensten Wege des geistigen Lebens wandelt. Je weiter man fortschreitet, je mehr man in die Erkenntnis der Dinge dringt, desto tiefer erscheint der Sinn dieser Formeln. In manchen Augenblicken unseres Sinnens und Denkens leuchten sie blitzartig auf, unser ganzes inneres Leben erhellend. In solchen Augenblicken lebt in uns etwas wie das Gefühl auf, daß wir den Herzschlag der Menschheitsentwicklung vernehmen. Wie nahe fühlen wir uns doch Persönlichkeiten der Vergangenheit, wenn uns bei einem ihrer Aussprüche die Empfindung überkommt, sie offenbaren uns, daß sie solche Augenblicke gehabt haben! Man fühlt sich dann in ein intimes Verhältnis zu diesen Persönlichkeiten gebracht. Man lernt z.B. Hegel intim kennen, wenn man im dritten Bande seiner «Vorlesungen über die Geschichte der Philosophie» auf die Worte stößt: «Solches Zeug, sagt man, die Abstraktionen, die wir betrachten, wenn wir so in unserem Kabinett die Philosophen sich zanken und streiten lassen, und es so oder so ausmachen, sind Wort-Abstraktionen. – Nein! Nein! Es sind Taten des Weltgeistes, und darum des Schicksals. Die Philosophen sind dabei dem Herrn näher, als die sich nähren von den Brosamen des Geistes; sie lesen oder schreiben die Kabinettsordres gleich im Original: sie sind gehalten, diese mitzuschreiben. Die Philosophen sind die Mysten, die beim Ruck im innersten Heiligtum mit und dabei gewesen.» Als Hegel dies gesprochen, hat er einen der oben geschilderten Augenblicke erlebt. Er hat die Sätze gesagt, als er in seinen Betrachtungen am Ende der griechischen Philosophie angekommen war. Und er hat durch sie gezeigt, daß ihm einmal blitzartig der Sinn der neuplatonischen Weisheit, von der er an der Stelle spricht, aufgeleuchtet hat. In dem Augenblicke dieses Aufleuchtens war er mit Geistern wie Plotin, Proklus intim geworden. Und wir werden mit ihm intim, indem wir seine Worte lesen.

Und intim werden wir mit dem einsam sinnenden Pfarrherrn in Zschopau, M. Valentinus Wigelius (Valentin Weigel), wenn wir die Einleitungsworte seines 1578 geschriebenen Büchelchens «Erkenne dich selbst» lesen. «Wir lesen bei den alten Weisen dies nützliche Sprichwort ‚Erkenne dich selbst', welches, ob es schon recht von weltlichen Sitten gebraucht wird, als: siehe dich selbst recht an, was du seiest, forsche in deinem Busen, urteile über dich selbst, und laß andere ungetadelt, ob es schon, sage ich, auf das menschliche Leben, als von den Sitten gebraucht worden ist, dennoch mögen wir solchen Spruch ‚Erkenne dich selbst' auch recht und wohl ziehen auf die natürliche und übernatürliche Erkenntnis des ganzen Menschen, also, daß sich der Mensch nicht allein selber ansehe, und hiermit erinnere, wie er sich in den Sitten vor den Leuten halten solle, sondern daß er auch seine Natur erkenne, inwendig und auswendig, im Geist und in der Natur; von wannen er komme, und woraus er gemacht sei, wozu er geordnet sei.» Valentin Weigel ist, von ihm eigenen Gesichtspunkten aus, zu Erkenntnissen gelangt, die sich ihm in den Wahrspruch Apollons zusammenfaßten.

Einer Reihe von tiefangelegten Geistern, die mit dem *Meister Eckhart* (1250–1327) anhebt und mit *Angelus Silesius* (1624–1677) abschließt, und zu denen Valentin Weigel gehört, kann ein ähnlicher Erkenntnisweg und eine gleiche Stellung zu dem «Erkenne dich selbst» zugeschrieben werden.

Gemeinsam ist diesen Geistern ein starkes Gefühl dafür, daß in der Selbsterkenntnis des Menschen eine Sonne aufgeht, die noch etwas ganz anderes beleuchtet als die zufällige Einzelpersönlichkeit des Betrachters. Was *Spinoza* in der Ätherhöhe des reinen Gedankens zum Bewußtsein gekommen ist, daß «die menschliche Seele eine zureichende Erkenntnis von dem ewigen und unendlichen Wesen Gottes» hat, das lebte in ihnen als unmittelbare Empfindung; und die Selbsterkenntnis war ihnen der Pfad, zu diesem ewigen und unendlichen Wesen zu dringen. Ihnen war klar, daß die Selbsterkenntnis in ihrer wahren Gestalt den Menschen mit einem neuen Sinn bereichert, der ihm eine Welt erschließt, die sich zu dem, was ohne diesen Sinn erreichbar ist, verhält wie die Welt des körperlich Sehenden zu der des Blinden. Man wird nicht leicht eine bessere Darstellung von der Bedeutung dieses neuen Sinnes erhalten, als sie J. G. Fichte in seinen Berliner Vorlesungen, im Jahre 1813, gegeben hat. «Denke man eine Welt von Blindgeborenen, denen darum allein die Dinge und ihre Verhältnisse bekannt sind, die durch den Sinn der Betastung existieren. Tretet unter diese, und redet ihnen von Farben und den andern Verhältnissen, die nur durch das Licht für das Sehen vorhanden sind. Entweder ihr redet ihnen von nichts, und dies ist das Glücklichere, wenn sie es sagen; denn auf diese Weise werdet ihr bald den Fehler merken, und falls ihr ihnen nicht die Augen zu öffnen vermögt, das vergebliche Reden einstellen. – Oder sie wollen aus irgendeinem Grunde eurer Lehre doch einen Verstand geben: so können sie dieselbe nur verstehen von dem, was ihnen durch die Betastung bekannt ist: sie werden das Licht und die Farben, und die andern Verhältnisse der Sichtbarkeit fühlen wollen, zu fühlen vermeinen, innerhalb des Gefühles irgend etwas sich erkünsteln und anlügen, was sie Farbe nennen. Dann mißverstehen, verdrehen, mißdeuten sie.» Ein ähnliches darf man von dem sagen, was die in Rede stehenden Geister erstrebten. Einen neuen Sinn sahen sie in der Selbsterkenntnis erschlossen. Und dieser Sinn liefert, nach ihrer Empfindung, Anschauungen, die für denjenigen nicht vorhanden sind, der in der Selbsterkenntnis nicht sieht, was sie von allen anderen Arten des Erkennens unterscheidet. Wem dieser Sinn sich nicht geöffnet hat, der glaubt, Selbsterkenntnis komme ähnlich zustande wie Erkenntnis durch äußere Sinne, oder durch irgend welche andere von außen her wirkende Mittel. Er meint: «Erkenntnis sei Erkenntnis.» Das eine Mal nur sei ihr Gegenstand etwas, was draußen in der Welt liegt, das andere Mal sei dieser Gegenstand die eigene Seele. Er hört nur Worte, im besten Falle abstrakte Gedanken bei dem, was für tiefer Blickende die Grundlage ihres Innenlebens ist; nämlich bei dem Satze, daß wir bei aller anderen Art von Erkenntnis den Gegenstand außer uns haben, bei der Selbsterkenntnis innerhalb dieses Gegenstandes stehen, daß wir jeden anderen Gegenstand als fertigen, abgeschlossenen an uns herantreten sehen, in unserem Selbst jedoch als Tätige, Schaffende das selbst weben, was wir in uns beobachten. Dies kann als eine bloße Worterklärung, vielleicht als Trivialität erscheinen; es kann aber auch, recht verstanden, als höheres Licht erscheinen, das jede andere Erkenntnis neu beleuchtet. Wem es in der ersten Weise erscheint, der ist in einer Lage wie ein Blinder, dem man sagt: dort ist ein glänzender Gegenstand. Er hört die Worte, der Glanz ist für ihn nicht da. Man kann die Summe des Wissens einer Zeit in sich vereinigen; empfindet man nicht die Tragweite der Selbsterkenntnis, dann ist alles Wissen im höheren Sinne ein blindes.

Die von uns unabhängige Welt lebt für uns dadurch, daß sie sich unserem Geiste mitteilt. Was uns da mitgeteilt wird, muß in der uns eigentümlichen Sprache gefaßt sein. Ein Buch, dessen Inhalt in einer uns fremden Sprache dargeboten würde, wäre für uns bedeutungslos. Ebenso wäre die Welt für uns bedeutungslos, wenn sie nicht in unserer Sprache zu uns spräche. Dieselbe Sprache, die von den Dingen zu uns dringt, vernehmen wir aus uns selbst. Dann *sind* wir es aber auch, die sprechen. Es handelt sich bloß darum, daß wir die Verwandlung richtig belauschen, die eintritt, wenn wir unsere Wahrnehmung den äußeren Dingen verschließen und nur auf das hören, was dann noch aus uns selbst tönt. Dazu gehört eben der neue Sinn. Wird er nicht erweckt, so glauben wir in den Mitteilungen über uns selbst auch nur solche über ein uns äußeres Ding zu vernehmen; wir meinen, irgendwo sei etwas verborgen, was zu uns in derselben Weise spricht, wie die äußeren Dinge sprechen. Haben wir den neuen Sinn, dann wissen wir, daß seine Wahrnehmungen sich wesentlich von denen unterscheiden, die sich auf äußere Dinge beziehen. Dann wissen wir, daß dieser Sinn das nicht außer sich läßt, was er wahrnimmt, wie das Auge den gesehenen Gegenstand außer sich läßt; sondern, daß er seinen Gegenstand restlos in sich aufzunehmen vermag. Sehe ich ein Ding, so bleibt das Ding außer mir; nehme ich mich wahr, so ziehe ich selbst in meine Wahrnehmung ein. Wer außer dem Wahrgenommenen noch etwas von seinem Selbst sucht, der zeigt, daß ihm in der Wahrnehmung der eigentliche Inhalt nicht aufleuchtet. *Johannes Tauler* (1300–1361) hat diese Wahrheit mit den treffenden Worten ausgesprochen: Wenn ich ein König wäre, und wüßte es nicht, dann wäre ich kein König. – Wenn ich mir in meiner Selbstwahrnehmung nicht aufleuchte, dann bin ich mir nicht vorhanden. Leuchte ich mir auf, dann *habe* ich mich aber auch in meiner Wahrnehmung in meiner ureigensten Wesenheit. Es bleibt kein Rest von mir außer meiner Wahrnehmung. J. G. Fichte deutet energisch mit folgenden Worten auf den Unterschied der Selbstwahrnehmung von jeder andern Art von Wahrnehmung: «Die meisten Menschen würden leichter dahin zu bringen sein, sich für ein Stück Lava im Monde als für ein *Ich* zu halten. Wer hierüber noch nicht einig mit sich selbst ist, der versteht keine gründliche Philosophie, und er bedarf keiner. Die Natur, deren Maschine er ist, wird ihn schon ohne all sein Zutun in allen Geschäften leiten, die er auszuführen hat. Zum Philosophieren gehört Selbständigkeit: und diese kann man sich nur selbst geben. – Wir sollen nicht ohne Auge sehen wollen; aber wir sollen auch nicht behaupten, daß das Auge sehe.»

Die Wahrnehmung seiner selbst ist also zugleich *Erweckung* seines Selbst. In unserer Erkenntnis verbinden wir das Wesen der Dinge mit unserem eigenen Wesen. Die Mitteilungen, die uns die Dinge in unserer Sprache machen, werden zu Gliedern unseres eigenen Selbst. Ein

Ding, das mir gegenübersteht, ist nicht mehr getrennt von mir, wenn ich es erkannt habe. Das, was ich von ihm aufnehmen kann, gliedert sich meinem eigenen Wesen ein. Erwecke ich nun mein eigenes Selbst, nehme ich den Inhalt meines Innern wahr, dann erwecke ich auch zu einem höheren Dasein, was ich von außen in mein Wesen eingegliedert habe. Das Licht, das auf mich selbst fällt bei meiner Erweckung, fällt auch auf das, was ich von den Dingen der Welt mir angeeignet habe. Ein Licht blitzt in mir auf und beleuchtet mich, und mit mir alles, was ich von der Welt erkenne. Was immer ich erkenne, es bliebe blindes Wissen, wenn nicht dieses Licht darauf fiele. Ich könnte die ganze Welt erkennend durchdringen: sie wäre nicht, was sie in mir werden muß, wenn die Erkenntnis nicht in mir zu einem höheren Dasein erweckt würde.

Was ich durch diese Erweckung zu den Dingen hinzubringe, ist nicht eine neue Idee, ist nicht eine inhaltliche Bereicherung meines Wissens; es ist ein Hinaufheben des Wissens, der Erkenntnis, auf eine höhere Stufe, auf der allen Dingen ein neuer Glanz verliehen wird. So lange ich die Erkenntnis nicht zu dieser Stufe erhebe, bleibt mir alles Wissen im höheren Sinne wertlos. Die Dinge sind auch ohne mich da. Sie haben ihr Sein in sich. Was soll es für eine Bedeutung haben, daß ich mit ihrem Sein, das sie draußen ohne mich haben, auch noch ein geistiges Sein verknüpfe, das in mir die Dinge wiederholte? Handelte es sich um eine bloße Wiederholung der Dinge: es wäre sinnlos, diese zu vollführen. – Aber es handelt sich nur so lange um eine bloße Wiederholung, als ich nicht mit meinem eigenen Selbst den in mich aufgenommenen geistigen Inhalt der Dinge zu einem höheren Dasein erwecke. Geschieht dies, dann habe ich das Wesen der Dinge in mir nicht wiederholt, sondern ich habe es auf einer höheren Stufe wiedergeboren. Mit der Erweckung meines Selbst vollzieht sich eine geistige *Wiedergeburt* der Dinge der Welt. Was die Dinge in dieser Wiedergeburt zeigen, das ist ihnen vorher nicht eigen. Da draußen steht der Baum. Ich fasse ihn in meinen Geist auf. Ich werfe mein inneres Licht auf das, was ich erfaßt habe. Der Baum wird in mir zu mehr, als er draußen ist. Was von ihm durch das Tor der Sinne einzieht, wird in einen geistigen Inhalt aufgenommen. Ein ideelles Gegenstück zu dem Baume ist in mir. Das sagt über den Baum unendlich viel aus, was mir der Baum draußen nicht sagen kann. Aus mir heraus leuchtet dem Baume erst entgegen, *was* er ist. Der Baum ist nun nicht mehr das einzelne Wesen, das er draußen im Raume ist. Er wird ein Glied der ganzen geistigen Welt, die in mir lebt. Er verbindet seinen Inhalt mit anderen Ideen, die in mir sind. Er wird ein Glied der ganzen Ideenwelt, die das Pflanzenreich umfaßt; er gliedert sich weiter in die Stufenfolge alles Lebendigen ein. – Ein anderes Beispiel: Ich werfe einen Stein in horizontaler Richtung von mir. Er bewegt sich in einer krummen Linie und fällt nach einiger Zeit zu Boden. Ich sehe ihn in aufeinanderfolgenden Zeitpunkten an verschiedenen Orten. Durch meine Betrachtung gewinne ich folgendes: Der Stein steht während seiner Bewegung unter verschiedenen Einflüssen. Wenn er nur unter der Folge des Stoßes stände, den ich ihm gegeben habe, würde er in gerader Linie ewig fortfliegen, ohne seine Schnelligkeit zu ändern. Nun aber übt die Erde einen Einfluß auf ihn aus. Sie zieht ihn an sich. Hätte ich ihn, ohne zu stoßen, einfach losgelassen, so wäre er senkrecht zur Erde gefallen. Seine

Schnelligkeit hätte dabei fortwährend zugenommen. Aus der Wechselwirkung dieser beiden Einflüsse entsteht das, was ich wirklich sehe. – Nehmen wir an, ich könnte die beiden Einflüsse nicht gedankenmäßig trennen, und aus ihrer gesetzmäßigen Verbindung das wieder gedankenmäßig zusammenfügen, was ich sehe: so bliebe es beim Gesehenen. Es wäre ein geistig blindes Hinsehen; ein Wahrnehmen der aufeinanderfolgenden Lagen, die der Stein einnimmt. In der Tat aber bleibt es *nicht* dabei. Der ganze Vorgang vollzieht sich zweimal. Einmal draußen; und da sieht ihn mein Auge; dann läßt mein Geist den ganzen Vorgang noch einmal entstehen, auf geistige Weise. Auf den geistigen Vorgang, den mein Auge nicht sieht, muß mein innerer Sinn gelenkt werden, dann geht ihm auf, daß ich, aus meiner Kraft heraus, den Vorgang als geistigen erwecke. – Wieder darf man einen Satz J. G. Fichtes anführen, der diese Tatsache klar zur Anschauung bringt. «Der neue Sinn ist demnach der Sinn für den Geist; der, für den *nur* Geist ist und durchaus nichts anderes, und dem auch das andere, das gegebene Sein, annimmt die Form des Geistes, und sich darein verwandelt, dem darum das Sein in seiner eigenen Form in der Tat verschwunden ist.» ... «Es ist mit diesem Sinne gesehen worden, seitdem Menschen da sind, und alles Große und Treffliche, was in der Welt ist, und welches allein die Menschheit bestehen macht, stammt aus den Gesichten dieses Sinnes. Daß aber dieser Sinn sich selbst gesehen haben sollte in seinem Unterschiede und Gegensatze mit dem andern gewöhnlichen Sinne, war nicht der Fall. Die Eindrücke der beiden Sinne verschmolzen, das Leben zerfiel ohne Einigungsband in diese zwei Hälften.» Das Einigungsband wird dadurch geschaffen, daß der innere Sinn das Geistige, das er in seinem Verkehr mit der Außenwelt erweckt, in seiner Geistigkeit erfaßt. Dadurch hört das, was wir von den Dingen in unseren Geist aufnehmen, auf, als eine bedeutungslose Wiederholung zu erscheinen. Es erscheint als ein Neues gegenüber dem, was nur äußere Wahrnehmung geben kann. Der einfache Vorgang des Steinwerfens, und meine Wahrnehmung desselben erscheinen in einem höheren Lichte, wenn ich mir klarmache, was mein innerer Sinn an der ganzen Sache für eine Aufgabe hat. Um die beiden Einflüsse und ihre Wirkungsweisen gedankenmäßig zusammenzufügen, ist eine Summe von geistigem Inhalt nötig, den ich mir bereits angeeignet haben muß, wenn ich den fliegenden Stein wahrnehme. Ich wende also einen in mir bereits aufgespeicherten geistigen Inhalt an auf etwas, das mir in der Außenwelt entgegentritt. Und dieser Vorgang der Außenwelt gliedert sich dem bereits vorhandenen geistigen Inhalt ein. Er erweist sich in seiner Eigenart als ein Ausdruck dieses Inhalts. Durch das Verständnis meines inneren Sinnes wird mir somit erschlossen, was für ein Verhältnis der Inhalt dieses Sinnes zu den Dingen der Außenwelt hat. Fichte konnte sagen, ohne das Verständnis für diesen Sinn zerfällt mir die Welt in zwei Hälften: in Dinge außer mir, und in Bilder von diesen Dingen in mir. Die beiden Hälften werden vereinigt, wenn der innere Sinn *sich* versteht, und ihm damit auch klar ist, was er selbst im Erkenntnisprozesse den Dingen für Licht gibt. Und Fichte durfte auch sagen, daß dieser innere Sinn *nur* Geist sieht. Denn er sieht, wie der Geist die Sinnenwelt dadurch aufklärt, daß er sie der Welt des Geistigen eingliedert. Der innere Sinn läßt in sich das äußere Sinnendasein als geistige Wesenheit auf einer höheren Stufe erstehen. Ein äußeres Ding ist ganz erkannt, wenn kein Teil an ihm ist, der nicht in dieser Art eine geistige Wiedergeburt erlebt hat. Jedes äußere Ding gliedert sich somit einem geistigen Inhalt ein, der, wenn er von dem innern Sinn erfaßt wird, das Schicksal der Selbsterkenntnis teilt. Der geistige Inhalt, der einem Dinge zugehört, ist durch die Beleuchtung von innen, ebenso wie das eigene Selbst restlos in die Ideenwelt eingeflossen. – Diese Ausführungen enthalten nichts, was eines *logischen* Beweises fähig oder bedürftig wäre. Sie sind nichts anderes als Ergebnisse der inneren Erfahrungen. Wer ihren Inhalt in Abrede stellt, der zeigt nur, daß ihm diese innere Erfahrung mangelt. Man kann mit ihm nicht streiten; ebensowenig, wie man mit dem Blinden über die Farbe streitet. – Es darf aber nicht behauptet werden, daß diese innere Erfahrung nur durch die Begabung weniger Auserwählter möglich gemacht werde. Sie ist eine allgemein-menschliche Eigenschaft. Jeder kann auf den Weg zu ihr gelangen, der sich nicht selbst vor ihr verschließt. Dieses Verschließen ist allerdings häufig genug. Und man hat bei Einwendungen, die nach dieser Richtung gemacht werden, immer das Gefühl: es handle sich gar nicht um solche, die die innere Erfahrung nicht erlangen können, sondern um solche, die sich durch ein Netz von allerlei logischen Gespinsten den Zugang zu ihr verrammeln. Es ist fast so, wie wenn jemand, der durch ein Fernrohr sieht, einen neuen Planeten erblickt, dessen Dasein aber doch ableugnet, weil ihm seine *Rechnung* gezeigt hat, daß an dieser Stelle kein Planet sein darf.

Dabei ist aber bei den meisten Menschen doch das deutliche Gefühl davon ausgeprägt, daß mit dem, was die äußeren Sinne und der zergliedernde Verstand erkennen, noch nicht alles gegeben sein kann, was im Wesen der Dinge liegt. Sie glauben dann, der Rest müsse ebenso in der Außenwelt sein, wie die Dinge der äußeren Wahrnehmung selbst. Sie meinen, es müsse etwas sein, was der Erkenntnis unbekannt bleibt. Was sie dadurch erlangen sollten, daß sie das wahrgenommene und mit dem Verstande erfaßte Ding mit dem inneren Sinne auf höherer Stufe noch einmal wahrnehmen, das versetzen sie, als ein Unzugängliches, Unbekanntes in die Außenwelt. Sie reden dann von Erkenntnisgrenzen, die verhindern, daß wir zum «Ding an sich» gelangen. Sie reden von dem unbekannten «Wesen» der Dinge. Daß dieses «Wesen» der Dinge aufleuchtet, wenn der innere Sinn sein Licht auf die Dinge fallen läßt, das wollen sie nicht anerkennen. Ein besonders laut sprechendes Beispiel für den Irrtum, der hier verborgen liegt, hat die berühmte «Ignorabimus»-Rede des Naturforschers Du Bois-Reymond im Jahre 1876 geliefert. Wir sollen überall nur so weit kommen, daß wir in den Naturvorgängen Äußerungen der «Materie» sehen. Was «Materie» selbst ist, davon sollen wir nichts wissen können. Du Bois-Reymond behauptet, daß wir niemals dahin werden dringen können, wo Materie im Raume spukt. Der Grund, warum wir dahin nicht dringen können, liegt jedoch darin, daß dort überhaupt nichts gesucht werden kann. Wer so wie Du Bois-Reymond spricht, der hat ein Gefühl, daß die Naturerkenntnis Ergebnisse liefere, die auf ein anderes, das sie nicht selbst geben kann, hinweisen. Er will aber den Weg, der zu diesem anderen führt, den Weg der inneren Erfahrung, nicht betreten. Deshalb steht er ratlos der Frage nach der «Materie», wie einem dunklen Rätsel, gegenüber. Wer den Weg der inneren Erfahrung betritt, in dem erlangen die Dinge eine Wiedergeburt; und das, was an ihnen für die äußere Erfahrung unbekannt bleibt, das leuchtet dann auf.

So klärt das Innere des Menschen sich nicht nur über sich selbst, sondern es klärt auch über die äußeren Dinge auf. Von diesem Punkte aus öffnet sich eine unendliche Perspektive für die menschliche Erkenntnis. Im Innern leuchtet ein Licht, das seine Leuchtkraft nicht nur auf dieses Innere beschränkt. Es ist eine Sonne, die zugleich *alle* Wirklichkeit beleuchtet. Es tritt in uns etwas auf, was uns mit der ganzen Welt verbindet. Wir sind nicht mehr bloß der einzelne zufällige Mensch, nicht mehr dieses oder jenes Individuum. In uns offenbart sich die ganze Welt. Sie enthüllt uns ihren eigenen Zusammenhang; und sie enthüllt uns, wie wir selbst als Individuum mit ihr zusammenhängen. Aus der Selbsterkenntnis heraus wird die Welterkenntnis geboren. Und unser eigenes beschränktes Individuum stellt sich geistig in den großen Weltzusammenhang hinein, weil in ihm etwas auflebt, was übergreifend ist über dieses Individuum, was alles das mitumfaßt, dessen Glied dieses Individuum ist.

Ein Denken, das sich nicht durch logische Vorurteile den Weg zur inneren Erfahrung vermauert, kommt letzten Endes stets zur Anerkennung der in uns waltenden Wesenheit, die uns mit der ganzen Welt verknüpft, weil wir durch sie den Gegensatz von innen und außen in bezug auf den Menschen überwinden. *Paul Asmus*, der früh verstorbene, scharfsinnige Philosoph, spricht sich über diesen Tatbestand in folgender Weise aus (vgl. dessen Schrift: «Das Ich und das Ding an sich», S. 14 f.): «Wir wollen es uns durch ein Beispiel klarer machen; stellen wir uns ein

Stück Zucker vor; es ist rund, süß, undurchdringlich usw.; dies sind lauter Eigenschaften, die wir begreifen; nur eins dabei schwebt uns als ein schlechthin Anderes vor, das wir nicht begreifen, das so verschieden von uns ist, daß wir nicht hineindringen können, ohne uns selbst zu verlieren, von dessen bloßer Oberfläche der Gedanke scheu zurückprallt. Dies eine ist der uns unbekannte Träger aller jener Eigenschaften; das Ansich, welches das innerste Selbst dieses Gegenstandes ausmacht. So sagt Hegel richtig, daß der ganze Inhalt unserer Vorstellung sich nur als Akzidens zu jenem dunklen Subjekte verhalte, und wir, ohne in seine Tiefen zu dringen, nur Bestimmungen an dieses Ansich heften, – die schließlich, weil wir es selbst nicht kennen, auch keinen wahrhaft objektiven Wert haben, subjektiv sind. Das begreifende Denken hingegen hat kein solches unerkennbares Subjekt, an dem seine Bestimmungen nur Akzidenzen wären, *sondern das gegenständliche Subjekt fällt innerhalb des Begriffes.* Begreife ich etwas, so ist es in seiner ganzen Fülle meinem Begriffe präsent; im innersten Heiligtum seines Wesens bin ich zu Hause, nicht deshalb, weil es kein eigenes Ansich hätte, sondern weil es mich *durch die über uns beiden schwebende Notwendigkeit* des Begriffes, der in mir subjektiv, in ihm objektiv erscheint, zwingt, seinen Begriff *nach*zudenken. Durch dies *Nach*denken offenbart sich uns, wie Hegel sagt, – ebenso wie dies unsere subjektive Tätigkeit ist, – *zugleich die wahre Natur des Gegenstandes.*» – So kann nur sprechen, wer mit dem Lichte der inneren Erfahrung die Erlebnisse des Denkens zu beleuchten vermag.

In meiner «Philosophie der Freiheit» habe ich, von andern Gesichtspunkten ausgehend, gleichfalls auf die Urtatsache des Innenlebens hingewiesen (S. 50): «Es ist also zweifellos: in dem Denken halten wir das Weltgeschehen an einem Zipfel, wo wir dabei sein müssen, wenn etwas zustande kommen soll. Und das ist doch gerade das, worauf es ankommt. Das ist gerade der Grund, warum mir die Dinge so rätselhaft gegenüberstehen: daß ich an ihrem Zustandekommen so unbeteiligt bin. Ich finde sie einfach vor; beim Denken aber weiß ich, wie es gemacht wird. Daher gibt es keinen ursprünglicheren Ausgangspunkt für das Betrachten alles Weltgeschehens als das Denken.»

Wer das innere Erleben des Menschen so ansieht, dem ist auch klar, welchen Sinn innerhalb des ganzen Weltprozesses das menschliche Erkennen hat. Es ist nicht eine wesenlose Beigabe zu dem übrigen Weltgeschehen. Eine solche wäre es, wenn es eine bloße ideelle Wiederholung dessen darstellte, was äußerlich vorhanden ist. Im *Erkennen* vollzieht sich aber, was sich in der Außenwelt nirgends vollzieht: Das Weltgeschehen stellt sich selbst sein geistiges Wesen gegenüber. Ewig wäre dieses Weltgeschehen nur eine Halbheit, wenn es zu dieser Gegenüberstellung nicht käme. Damit gliedert sich das innere Erleben des Menschen dem objektiven Weltprozesse ein; dieser wäre ohne es unvollständig.

Es ist ersichtlich, daß nur das Leben, das vom inneren Sinn beherrscht wird, den Menschen in solcher Weise über sich hinaushebt, sein im eigensten Sinne höchstes Geistesleben. Denn nur in diesem Leben enthüllt sich das Wesen der Dinge vor sich selbst. Anders liegt die Sache mit dem niederen Wahrnehmungsvermögen. Das Auge z.B., das das Sehen eines Gegenstandes vermittelt, ist der Schauplatz eines Vorganges, der irgend einem anderen äußeren

Vorgange, gegenüber dem inneren Leben, völlig gleich ist. Meine Organe sind Glieder der räumlichen Welt wie die anderen Dinge, und ihre Wahrnehmungen sind zeitliche Vorgänge wie andere. Auch ihr Wesen erscheint nur, wenn sie ins innere Erleben versenkt werden. Ich lebe also ein Doppelleben: das Leben eines Dinges unter anderen Dingen, das innerhalb seiner Körperlichkeit lebt und durch seine Organe das wahrnimmt, was außer dieser Körperlichkeit liegt; und über diesem Leben ein höheres, das kein solches Innen und Außen kennt, das überspannend über die Außenwelt und über sich selbst sich dehnt. Ich werde also sagen müssen: einmal bin ich Individuum, beschränktes Ich; das andere Mal bin ich allgemeines, universelles Ich. Auch dieses hat *Paul Asmus* in treffliche Worte gefaßt (vgl. dessen Buch: «Die indogermanische Religion in den Hauptpunkten ihrer Entwickelung», S. 29, im 1. Bd.): «Die Tätigkeit, uns in ein anderes zu versenken, nennen wir ‚denken'; im Denken hat das Ich seinen Begriff erfüllt, es hat sich als einzelnes selbst aufgegeben; deshalb befinden wir uns denkend in einer für Alle gleichen Sphäre, denn das Prinzip der Besonderung, das da in dem Verhältnis unseres Ich zu dem ihm Anderen liegt, ist verschwunden in der Tätigkeit der Selbstaufhebung des einzelnen Ich, es ist da nur *die Allen gemeinsame Ichheit.*»

Spinoza hat genau dasselbe im Auge, wenn er die höchste Erkenntnistätigkeit als diejenige beschreibt, die «von der zureichenden Vorstellung des wirklichen Wesens einiger Attribute Gottes zur zureichenden Erkenntnis des Wesens der Dinge» vorschreitet. Dieses Vorschreiten ist nichts anderes als das Beleuchten der Dinge mit dem Lichte der inneren Erfahrung. Das Leben in dieser inneren Erfahrung schildert Spinoza in herrlichen Farben: «Die höchste Tugend der Seele ist, Gott zu erkennen, oder die Dinge in der dritten – höchsten – Art der Erkenntnis einzusehen. Diese Tugend wird um so größer, je mehr die Seele in dieser Erkenntnisart die Dinge erkennt; mithin erreicht der, welcher die Dinge in dieser Erkenntnisart erfaßt, die höchste menschliche Vollkommenheit und wird folglich von der höchsten Freude erfüllt, und zwar begleitet von den Vorstellungen seiner selbst und der Tugend. Mithin entspringt aus dieser Art der Erkenntnis die höchste Seelenruhe, die möglich ist.» Wer die Dinge in solcher Art erkennt, der verwandelt sich in sich selbst; denn sein einzelnes Ich wird in solchen Augenblicken aufgesogen von dem All-Ich; alle Wesen erscheinen nicht in untergeordneter Bedeutung einem einzelnen beschränkten Individuum; sie erscheinen sich selbst. Es ist auf dieser Stufe kein Unterschied mehr zwischen Plato und mir; denn was uns trennt, gehört einer niederen Erkenntnisstufe an. Wir sind nur als Individuum getrennt; das in uns wirkende Allgemeine ist ein- und dasselbe. Auch über diese Tatsache läßt sich nicht streiten mit dem, der von ihr keine Erfahrung hat. Er wird immerdar betonen: Plato und du sind zwei. Daß diese Zweiheit, daß alle Vielheit als Einheit wiedergeboren wird in dem Aufleben der höchsten Erkenntnisstufe: das kann nicht bewiesen, das muß *erfahren* werden. So paradox es klingt, es ist eine Wahrheit: Die Idee, die Plato vorstellte, und die gleiche Idee, die ich vorstelle, sind nicht zwei Ideen. Es ist eine und dieselbe Idee. Und nicht zwei Ideen sind, die eine in Platos Kopf, die andere in meinem; sondern im höheren Sinne durchdringen sich Platos Kopf und der meine; es durchdringen sich alle Köpfe, welche die gleiche, *eine* Idee fassen; und diese Idee ist nur als einzige einmal vorhanden. Sie ist da; und die Köpfe versetzen sich alle an einen und denselben Ort, um diese Idee in sich zu haben.

Die Umwandlung, die im ganzen Wesen des Menschen bewirkt wird, wenn er also die Dinge ansieht, deutet mit schönen Worten die indische Dichtung «Bhagavad Gita» an, von der Wilhelm von Humboldt deshalb sagte, er sei seinem Schicksal dankbar dafür, daß es ihn habe so lange leben lassen, bis er in der Lage war, dieses Werk kennenzulernen. Das innere Licht spricht in dieser Dichtung: «Ein ewiger Strahl von mir, der ein besonderes Dasein in der Welt des persönlichen Lebens erlangt hat, zieht an sich die fünf Sinne und die individuelle Seele, welche der Natur angehören. – Wenn der überstrahlende Geist sich in Raum und Zeit verkörperlicht, oder wenn er sich entkörperlicht, so ergreift er die Dinge und nimmt sie mit sich, wie der Windhauch die Wohlgerüche der Blumen ergreift und mit sich fortreißt. – Das innere Licht beherrscht das Ohr, das Gefühl, den Geschmack und den Geruch, sowie auch das Gemüt; es knüpft das Band zwischen sich und den Sinnesdingen. – Die Toren wissen es nicht, wenn das innere Licht aufleuchtet und erlischt, noch wenn es sich mit den Dingen vermählt; nur wer des inneren Lichtes teilhaftig ist, kann davon wissen.» So kräftig deutet die «Bhagavad Gita» auf die Umwandlung des Menschen hin, daß sie von dem «Weisen» sagt, er könne nicht mehr irren, nicht mehr sündigen. Irrt er oder sündigt er scheinbar, so müsse er seine Gedanken oder seine Handlungen mit einem Lichte beleuchten, vor dem nicht mehr als Irrtum und nicht mehr als Sünde erscheint, was vor dem gewöhnlichen Bewußtsein als solche erscheint. «Wer sich erhoben hat, und wessen Erkenntnis von der reinsten Art ist, der tötet nicht und befleckt sich nicht, wenn er auch einen anderen erschlagen würde.» Damit ist nur auf die gleiche, aus der höchsten Erkenntnis fließende Grundstimmung der Seele hingewiesen, von der Spinoza, nachdem er sie in seiner «Ethik» beschrieben, in die hinreißenden Worte ausbricht: «Hiermit ist das beendet, was ich rücksichtlich der Macht der Seele über die Affekte und über die Freiheit der Seele habe darlegen wollen. Hieraus erhellt, wie viel der Weise dem Unwissenden überlegen ist und mächtiger als dieser, der nur von den Lüsten getrieben wird. Denn der Unwissende wird nicht allein von äußeren Ursachen auf viele Weise getrieben und erreicht nie die wahre Seelenruhe, sondern er lebt auch in Unkenntnis von sich, von Gott und von den Dingen, und so wie sein Leiden aufhört, hört auch sein Dasein auf; während dagegen der Weise, als solcher, kaum eine Erregung in seinem Geiste empfindet, sondern in der gewissermaßen notwendigen Erkenntnis seiner, Gottes und der Dinge niemals aufhört, zu sein, und immer der wahren Seelenruhe genießt. Wenn auch der Weg, welchen ich, als dahin führend, aufgezeichnet habe, sehr schwierig erscheint, so kann er doch aufgefunden werden. Und allerdings mag er beschwerlich sein, weil er so selten gefunden wird. Denn wie wäre es möglich, daß, wenn das Heil bei der Hand wäre und ohne große Mühe gefunden werden könnte, daß es von allen fast vernachlässigt würde? Indes ist alles Erhabene ebenso schwer, wie selten.»

In monumentaler Weise hat Goethe den Gesichtspunkt der höchsten Erkenntnis in den Worten angedeutet: «Kenne ich mein Verhältnis zu mir selbst und zur Außenwelt, so heiß' ich's Wahrheit. Und so kann jeder seine eigene Wahrheit haben, und es ist doch immer dieselbige.» Jeder hat seine eigene Wahrheit: weil jeder ein individuelles, besonderes Wesen neben und mit anderen ist. Diese anderen Wesen wirken auf ihn durch seine Organe. Von dem individuellen Standpunkte aus, auf den er gestellt ist, und je nach der Beschaffenheit seines Wahrnehmungsvermögens bildet er sich im Verkehr mit den Dingen seine eigene Wahrheit. Er gewinnt sein Verhältnis zu den Dingen. Tritt er dann in die Selbsterkenntnis ein, lernt er sein Verhältnis zu sich selbst kennen, dann löst sich seine besondere Wahrheit in die allgemeine Wahrheit auf; diese allgemeine Wahrheit ist in allen dieselbige.

Das Verständnis für die Aufhebung des Individuellen, des einzelnen Ich zum All-Ich in der Persönlichkeit betrachten tiefere Naturen als das im Innern des Menschen sich offenbarende Geheimnis, als das Ur-Mysterium des Lebens. Auch dafür hat *Goethe* einen treffenden Ausspruch gefunden: «Und so lang du das nicht hast, dieses: Stirb' und Werde! Bist du nur ein trüber Gast auf der dunklen Erde.»

Nicht eine gedankliche Wiederholung, sondern ein reeller Teil des Weltprozesses ist das, was sich im menschlichen Innenleben abspielt. Die Welt wäre nicht, was sie ist, wenn sich das zu ihr gehörige Glied in der menschlichen Seele nicht abspielte. Und nennt man das höchste, das dem Menschen erreichbar ist, das Göttliche, dann muß man sagen, daß dieses Göttliche nicht als ein Äußeres vorhanden ist, um *bildlich* im Menschengeiste wiederholt zu werden, sondern daß dieses Göttliche im Menschen *erweckt* wird. Dafür hat Angelus Silesius die rechten Worte gefunden: «Ich weiß, daß *ohne mich* Gott nicht ein Nu kann leben; werd' ich zu nicht, er muß von Not den Geist aufgeben.» «Gott mag nicht ohne mich ein einzig's Würmlein machen: erhalt' ich's nicht mit ihm, so muß es stracks zerkrachen.» Eine solche Behauptung kann nur der machen, welcher voraussetzt, daß im Menschen etwas zum Vorschein kommt, ohne welches ein äußeres Wesen nicht existieren kann. Wäre alles, was zum «Würmlein» gehört, auch ohne den Menschen da, dann könnte man unmöglich davon sprechen, daß es «zerkrachen» müßte, wenn der Mensch es nicht erhielte.

Als geistiger Inhalt kommt der innerste Kern der Welt in der Selbsterkenntnis zum Leben. Das Erleben der Selbsterkenntnis bedeutet für den Menschen Weben und Wirken innerhalb des Weltenkernes. Wer von Selbsterkenntnis durchdrungen ist, vollzieht natürlich auch sein eigenes Handeln im Lichte der Selbsterkenntnis. Das menschliche Handeln ist – im allgemeinen – bestimmt durch *Motive*. *Robert Hamerling*, der Dichter-Philosoph, hat mit Recht gesagt («Atomistik des Willens», 2. Bd. S. 213 f.): «Der Mensch kann allerdings tun, was er will – aber er kann nicht wollen, was er will, weil sein Wille durch *Motive* bestimmt ist! – Er kann nicht wollen, was er will? Sehe man sich diese Worte doch einmal näher an. Ist ein vernünftiger Sinn darin? Freiheit des Wollens müßte also darin bestehen, daß man ohne Grund, ohne Motiv etwas wollen könnte? Aber was heißt denn Wollen anders, als *einen Grund haben*, dies lieber zu tun oder anzustreben als jenes? Ohne Grund, ohne Motiv etwas wollen, hieße etwas wollen, *ohne es zu wollen*. Mit dem Begriff des Wollens ist der des Motivs unzertrennlich verknüpft. Ohne ein bestimmendes Motiv ist der Wille ein leeres *Vermögen:* erst durch das Motiv wird er tätig und reell. Es ist also ganz richtig, daß der menschliche Wille insofern nicht ‚frei' ist, als seine Richtung immer durch das stärkste der Motive bestimmt ist.» Für alles Handeln, das nicht im Lichte der Selbsterkenntnis sich vollzieht, muß das Motiv, der Grund des Handelns als Zwang empfunden werden. Anders ist die Sache, wenn der Grund in die Selbsterkenntnis eingefaßt wird. Dann ist dieser Grund ein Glied des Selbst geworden. Das Wollen wird nicht mehr bestimmt; es bestimmt sich selbst. Die Gesetzmäßigkeit, die Motive des Wollens herrschen nun nicht mehr *über* dem Wollenden, sondern sind ein und dasselbe mit diesem Wollen. Die Gesetze seines Handelns mit dem Lichte der Selbstbeobachtung beleuchten, heißt, allen Zwang der Motive überwinden. Dadurch versetzt sich das Wollen in das Gebiet der *Freiheit.*

Nicht alles menschliche Handeln trägt den Charakter der Freiheit. Nur das in jedem seiner Teile von Selbstbeobachtung durchglühte Handeln ist ein freies. Und weil die Selbstbeobachtung das individuelle Ich hinaufhebt zum allgemeinen Ich, so ist das freie Handeln das aus dem All-Ich fließende. Die alte Streitfrage, ob der Wille des Menschen frei sei, oder einer allgemeinen Gesetzmäßigkeit, einer unabänderlichen Notwendigkeit unterliege, ist eine unrichtig gestellte Frage. Unfrei ist das Handeln, das der Mensch als Individuum vollbringt; frei dasjenige, das er nach seiner geistigen Wiedergeburt vollzieht. Der Mensch ist also nicht, im allgemeinen, *entweder* frei, *oder* unfrei. Er ist *sowohl* das *eine* wie das *andere.* Er ist unfrei vor seiner Wiedergeburt; und er kann frei *werden* durch diese Wiedergeburt. Die individuelle Aufwärtsentwicklung des Menschen besteht in der *Umwandlung* des unfreien Wollens in ein solches mit dem Charakter der Freiheit. Der Mensch, der die Gesetzmäßigkeit seines Handelns als seine eigene durchdrungen hat, hat den Zwang dieser Gesetzmäßigkeit, und damit die Unfreiheit überwunden. Die Freiheit ist nicht *von vornherein* eine Tatsache des Menschendaseins, sondern ein *Ziel*.

Mit dem freien Handeln löst der Mensch einen Widerspruch zwischen der Welt und sich. Seine eigenen Taten werden Taten des allgemeinen Seins. Er empfindet sich in vollem Einklange mit diesem allgemeinen Sein. Jeden Mißklang zwischen sich und einem anderen fühlt er als Ergebnis eines noch nicht völlig erwachten Selbst. Das aber ist das Schicksal des Selbst, daß es nur in seiner Trennung vom All den Anschluß an dieses All finden kann. Der Mensch wäre nicht Mensch, wenn er nicht abgeschlossen wäre als Ich von allem anderen; aber er wäre auch nicht im höchsten Sinne Mensch, wenn er nicht als solch abgeschlossenes Ich aus sich heraus wieder sich zum All-Ich erweiterte. Es gehört durchaus zum menschlichen Wesen, daß es einen ursprünglich in ihm gelegenen Widerspruch überwinde.

Wer den Geist lediglich als logischen Verstand gelten lassen will, der mag sein Blut erstarren fühlen bei dem Gedanken, daß in dem Geiste die Dinge ihre Wiedergeburt erleben sollen. Er wird die frische, lebendige Blume, draußen in ihrer Farbenfülle, vergleichen mit dem kalten, blassen, schematischen *Gedanken* der Blume. Er wird sich besonders unbehaglich fühlen bei der Vorstellung, daß der Mensch, der aus der Einsamkeit seines Selbstbewußtseins heraus seine Motive zum Handeln holt, freier sein soll als die ursprüngliche, naive Persönlichkeit, die aus ihren unmittelbaren Impulsen, aus der Fülle ihrer Natur heraus handelt. Einem solchen das einseitig Logische Sehenden wird der, welcher sich in sein Inneres versenkt, erscheinen wie ein wandelndes Begriffsschema, wie ein Gespenst gegenüber dem in seiner natürlichen Individualität Verharrenden. – Dergleichen Einwände gegen die Wiedergeburt der Dinge im Geiste kann man vorzüglich bei denen hören, die zwar mit gesunden Organen für sinnliche Wahrnehmung und mit lebensvollen Trieben und Leidenschaften ausgestattet sind, deren Beobachtungsvermögen aber gegenüber den Gegenständen mit rein geistigem Inhalt versagt. Sobald sie rein Geistiges wahrnehmen sollen, fehlt ihnen die Anschauung; sie haben es mit bloßen Begriffshülsen, wenn nicht gar mit leeren Worten zu tun. Sie bleiben daher, wenn es sich um geistigen Inhalt handelt, die «trockenen», «abstrakten Verstandesmenschen». Wer aber im rein Geistigen eine Beobachtungsgabe hat wie im Sinnlichen, für den wird natürlich das Leben nicht ärmer, wenn er es durch den geistigen Inhalt bereichert. Sehe ich hinaus auf eine Blume: warum sollten ihre saftigen Farben auch nur irgend etwas an Frische verlieren, wenn nicht nur mein Auge die Farben, sondern *auch* mein innerer Sinn noch das geistige Wesen der Blume sieht. Warum sollte das Leben meiner Persönlichkeit ärmer werden, wenn ich meinen Leidenschaften und Impulsen nicht geistig-blind folge, sondern wenn ich sie durchleuchte mit dem Lichte höherer Erkenntnis. Nicht ärmer, sondern voller, reicher ist das im Geiste wiedergegebene Leben*.

* Siehe Nachtrag I.

Ganz durchglüht von der Empfindung, daß im Geiste des Menschen die Dinge als höhere Wesenheiten wiedergeboren werden, ist die Vorstellungswelt des *Meisters Eckhart.* Er gehörte dem Orden der Dominikaner an wie der größte christliche Theologe des Mittelalters, Thomas von Aquino, der von 1225 bis 1274 lebte. Eckhart war unbedingter Verehrer des Thomas. Das muß durchaus begreiflich erscheinen, wenn man die ganze Vorstellungsart des Meisters Eckhart ins Auge faßt. Er glaubte sich selbst mit den Lehren der christlichen Kirche ebenso in Einklang, wie er für Thomas eine solche Übereinstimmung annahm. Eckhart wollte von dem Inhalte des Christentums nichts wegnehmen, und auch zu ihm nichts hinzufügen. Aber er wollte diesen Inhalt auf *seine* Art neu hervorbringen. Es liegt nicht in den geistigen Bedürfnissen einer Persönlichkeit, wie er eine war, neue Wahrheiten dieser oder jener Art an die Stelle von alten zu setzen. Er war mit dem Inhalte, den er überliefert erhalten hatte, ganz verwachsen. Aber er wollte diesem Inhalte eine neue Gestalt, ein neues Leben geben. Er wollte, ohne Zweifel, rechtgläubiger Christ bleiben. Die christlichen Wahrheiten waren die seinigen. Nur in anderer Weise ansehen wollte er sie, als dies z.B. Thomas von Aquino getan hatte. Dieser nahm zwei Erkenntnisquellen an: die *Offenbarung* in dem Glauben und die *Vernunft* in der Forschung. Die Vernunft erkennt die Gesetze der Dinge, also das Geistige in der Natur. Sie kann sich auch über die Natur erheben, und im Geiste die aller Natur zugrunde liegende göttliche Wesenheit von einer Seite erfassen. Aber sie gelangt auf diese Art nicht zu einer Versenkung in die *volle* Wesenheit Gottes. Ein höherer Wahrheitsgehalt muß ihr entgegenkommen. Er ist in der Heiligen Schrift gegeben. Sie *offenbart*, was der Mensch durch sich selbst nicht erreichen kann. Der Wahrheitsgehalt der Schrift muß von dem Menschen hingenommen werden; die Vernunft kann ihn verteidigen, sie kann ihn durch ihre Erkenntniskräfte möglichst gut verstehen wollen; aber sie kann ihn aus dem menschlichen Geiste heraus nimmermehr selbst erzeugen. Nicht was der Geist *erschaut*, ist *höchste* Wahrheit, sondern ein gewisser Erkenntnisinhalt, der dem Geiste *von außen* zugekommen ist. Unfähig erklärt sich der heilige Augustin, in sich den Quell zu finden für das, was er *glauben soll*. Er sagt: «Ich würde dem Evangelium nicht glauben, wenn mich die Autorität der katholischen Kirche nicht dazu bewegte.» Das ist im Sinne des Evangelisten, der auf das äußere Zeugnis verweist: «Was wir gehört, was wir mit unseren Augen gesehen, was wir selbst geschaut, was unsere Hände berührt haben von dem Worte des Lebens ... was wir sahen und hörten, melden wir euch, damit ihr Gemeinschaft mit uns habet.» Der Meister Eckhart aber möchte Christi Worte dem Menschen einschärfen: «Es ist euch nütze, daß ich von euch fahre; denn gehe ich nicht von euch, so kann euch der Heilige Geist nicht werden.» Und er erläutert diese Worte, indem er sagt: «Recht, als ob er spräche: ihr habt zu viel Freude auf mein *gegenwärtiges Bild* gelegt, daher kann euch die vollkommene Freude des Heiligen Geistes nicht werden.» Eckhart meint von keinem anderen Gotte zu sprechen, als der ist, von dem Augustin, und der Evangelist, und Thomas sprechen; und dennoch ist ihr Zeugnis von Gott nicht sein Zeugnis. «Etliche Leute wollen Gott mit den Augen ansehen, als sie eine Kuh ansehen, und wollen Gott lieb haben, als sie eine Kuh lieb haben. Also haben sie Gott lieb, um auswendigen Reichtum und um inwendigen Trost; aber diese Leute haben nicht Gott recht lieb» ... «Einfältige Leute wähnen, sie sollen Gott ansehen, als stünde er dort und sie hier. So ist es nicht. Gott und ich sind eins im Erkennen.» Es liegt solchen Bekenntnissen bei Eckhart nichts anderes zugrunde, als die Erfahrung des inneren Sinnes. Und diese Erfahrung zeigt ihm die Dinge in einem höheren Lichte. Er glaubt daher eines äußeren Lichtes nicht zu bedürfen, um zu den höchsten Einsichten zu kommen: «Ein Meister spricht: Gott ist Mensch geworden, davon ist erhöhet und gewürdigt das ganze menschliche Geschlecht. Dessen mögen wir uns freuen, daß Christus unser Bruder ist gefahren von eigener Kraft über alle Chöre der Engel und sitzet zur Rechten des Vaters. Dieser Meister hat wohl gesprochen; aber wahrlich, ich gebe nicht viel darum. Was hülfe es mir, hätt' ich einen Bruder, der da wäre ein reicher Mann, und ich wäre dabei ein armer Mann? Was hülfe es mir, hätte ich einen Bruder, der ein weiser Mann wäre, und ich wäre ein Tor?» ... «Der himmlische Vater gebiert seinen eingebornen Sohn in sich und *in mir*. Warum in sich und in mir? Ich bin eins mit ihm; und er vermag mich nicht auszuschließen. In demselben Werk empfängt der Heilige Geist sein Wesen und wird von mir, wie von Gott. Warum? Ich bin in Gott, und nimmt der Heilige Geist sein Wesen nicht von mir, nimmt er es auch nicht von Gott. Ich bin auf keine Weise ausgeschlossen.» Wenn Eckhart an das Wort des Paulus erinnert: «Ziehet euch Jesum Christum an», so will er diesem Worte den Sinn unterlegen: versenket euch in euch, tauchet hinunter in die Selbstbeschauung: und aus den Tiefen eures Wesens wird euch der Gott entgegenleuchten; er überstrahlet euch alle Dinge; ihr habt ihn in euch gefunden; ihr seid einig geworden mit Gottes Wesenheit. «Gott ist Mensch geworden, daß ich Gott werde.» In seinem Traktat «Über die Abgeschiedenheit» spricht sich Eckhart über die Beziehung der äußeren Wahrnehmung zu der inneren aus: «Hier sollst du wissen, daß die Meister sprechen, daß an einem jeden Menschen zweierlei Menschen sind: der eine heißt der äußere Mensch, das ist die Sinnlichkeit; dem Menschen dienen fünf Sinne, und er wirkt doch durch die Kraft der Seele. Der andere Mensch heißt der innere Mensch, das ist des Menschen Inneres. Nun sollst du wissen, daß ein jeder Mensch, der Gott liebt, die Kräfte der Seele in dem äußeren Menschen nicht mehr gebraucht, als die fünf Sinne zur Not bedürfen; und das Innere kehrt sich nicht zu den fünf Sinnen, als nur insofern es der Weiser und Leiter der fünf Sinne ist und sie hütet, damit sie nicht ihrem Streben nach der Tierheit frönen.» Wer in dieser Art über den inneren Menschen spricht, der kann nicht mehr auf ein sinnlich *außer ihm* gelegenes *Wesen* der Dinge sein Auge richten. Denn er ist sich klar darüber, daß aus keiner Art der sinnlichen Außenwelt dieses *Wesen* ihm entgegentreten kann. Man könnte ihm einwenden: was geht die Dinge in der Außenwelt dasjenige an, was du ihnen aus deinem Geiste hinzufügst. Baue doch auf deine Sinne. Sie allein geben dir Kunde von der Außenwelt. Verfälsche nicht durch eine geistige Zutat, was dir die Sinne in Reinheit, ohne Zutat, als Bild der Außenwelt geben. Dein Auge sagt dir, wie die Farbe ist; was dein Geist über die Farbe erkennt, davon ist in der Farbe nichts. Vom Standpunkte des Meisters Eckhart müßte man antworten: Die Sinne sind physische Apparate. Ihre Mitteilungen über die Dinge können somit nur das Physische an den Dingen betreffen. Und dieses Physische in den Dingen teilt sich mir so mit, daß in mir selbst ein physischer Vorgang erregt wird. Die Farbe als physischer Vorgang der Außenwelt erregt einen physischen Vorgang in meinem Auge und in meinem Gehirn. Dadurch nehme ich die Farbe wahr. Ich kann auf diesem Wege aber nur das von der Farbe wahrnehmen, was an ihr physisch, sinnlich ist. Die sinnliche Wahrnehmung schaltet alles Nichtsinnliche von den Dingen aus. Die Dinge werden durch sie alles dessen entkleidet, was an ihnen nichtsinnlich ist. Schreite ich dann zu dem geistigen, dem ideellen Inhalt fort, so stelle ich nur dasjenige wieder her, was die sinnliche Wahrnehmung an den Dingen ausgelöscht hat. Somit zeigt mir die sinnliche Wahrnehmung nicht das tiefste Wesen der Dinge; sie trennt mich vielmehr von diesem Wesen. Die geistige, ideelle Erfassung verbindet mich aber wieder mit diesem Wesen. Sie zeigt mir, daß die Dinge in ihrem Innern genau von demselben geistigen Wesen sind, wie ich selbst. Die Grenze zwischen mir und der Außenwelt fällt durch die geistige Erfassung der Welt dahin. Ich bin von der Außenwelt getrennt, insofern ich ein sinnliches Ding unter sinnlichen Dingen bin. Mein Auge und die Farbe sind zwei verschiedene Wesenheiten. Mein Gehirn und die Pflanze sind zweierlei. Aber der ideelle Inhalt der Pflanze und der Farbe gehören mit dem ideellen Inhalt meines Gehirns und des Auges einer einheitlichen ideellen Wesenheit an. – Es darf diese Anschauung nicht verwechselt werden mit der weit verbreiteten anthropomorphosierenden (vermenschlichenden) Weltanschauung, welche die Dinge der Außenwelt dadurch zu erfassen glaubt, daß sie ihnen Eigenschaften psychischer Art beilegt, die den Eigenschaften der menschlichen Seele ähnlich sein sollen. Diese Ansicht sagt: wir nehmen an einem andern Menschen, wenn wir ihm äußerlich gegenübertreten, nur sinnliche Merkmale wahr. Ich kann meinem Mitmenschen nicht ins Innere schauen. Ich schließe aus dem, was ich von ihm sehe und höre, auf sein Inneres, auf seine Seele. Die Seele ist also niemals etwas, was ich unmittelbar wahrnehme. Eine Seele nehme ich nur in meinem eigenen Innern wahr. Meine Gedanken, meine Phantasiegebilde, meine Gefühle sieht kein Mensch. Ebenso wie *ich* nun ein solches Innenleben habe neben dem, was äußerlich wahrzunehmen ist, so müssen ein solches alle anderen Wesen haben. So schließt, wer auf dem Standpunkt der anthropomorphosierenden (vermenschlichenden) Weltanschauung steht. Was ich an der Pflanze äußerlich wahrnehme, muß ebenso nur die Außenseite eines Inneren, einer Seele sein, die ich mir hinzudenken muß zu dem, was ich wahrnehme. Und da es für mich nur eine einzige Innenwelt gibt, nämlich meine eigene, so kann ich mir auch die Innenwelt der anderen Wesen nur ähnlich meiner Innenwelt vorstellen. Dadurch kommt man zu einer Art Allbeseelung aller Natur (Panpsychismus). Diese Anschauung beruht auf einer Verkennung dessen, was der entwickelte innere Sinn wirklich darbietet. Der geistige Inhalt eines äußeren Dinges, der mir in meinem Innern aufgeht, ist nichts zu der äußeren Wahrnehmung Hinzugedachtes. Er ist dies ebensowenig, wie der Geist eines anderen Menschen. Ich nehme durch den inneren Sinn diesen geistigen Inhalt ebenso wahr, wie durch die äußeren Sinne den physischen Inhalt. Und was ich mein Innenleben in obigem Sinne nenne, ist gar nicht, im höheren Sinne, mein Geist. Dieses Innenleben ist nur das Ergebnis rein sinnlicher Vorgänge, gehört mir nur als ganz individuelle Persönlichkeit an, die nichts ist als das Ergebnis ihrer physischen Organisation. Wenn ich dieses Innere auf die äußeren Dinge übertrage, so denke ich tatsächlich ins Blaue hinein. Mein persönliches Seelenleben, meine Gedanken, Erinnerungen und Gefühle sind in mir, weil ich ein so und so organisiertes Naturwesen bin, mit einem ganz bestimmten Sinnesapparat, mit einem ganz bestimmten Nervensystem. Diese meine *menschliche* Seele darf ich nicht auf die Dinge übertragen. Ich dürfte das nur, wenn ich irgendwo ein ähnlich organisiertes Nervensystem fände. Aber meine individuelle Seele ist nicht das höchste Geistige an mir. Dieses höchste Geistige muß in mir erst durch den inneren Sinn erweckt werden. Und dieses erweckte Geistige in mir ist zugleich ein und dasselbe mit dem Geistigen in allen Dingen. Vor diesem Geistigen erscheint die Pflanze unmittelbar in ihrer eigenen Geistigkeit. Ich brauche ihr nicht eine Geistigkeit zu verleihen, die ähnlich meiner eigenen ist. Für *diese* Weltanschauung verliert alles Reden über das unbekannte «Ding an sich» jeglichen Sinn. Denn es ist eben das «Ding an sich», das sich dem inneren Sinn enthüllt. Alles Reden über das unbekannte «Ding an sich» rührt nur davon her, daß diejenigen, die so reden, nicht imstande sind, in den geistigen Inhalten ihres Innern die «Dinge an sich» wieder zu erkennen. Sie glauben in ihrem Innern wesenlose Schatten und Schemen, «bloße Begriffe und Ideen» der Dinge zu erkennen. Da sie aber doch eine *Ahnung* von dem «Ding an sich» haben, so glauben sie, daß sich dieses «Ding an sich» verberge, und daß dem menschlichen Erkenntnisvermögen Grenzen gesteckt seien.

Man kann solchen, die in diesem Glauben befangen sind, nicht beweisen, daß sie das «Ding an sich» in ihrem Innern ergreifen müssen, denn sie würden dieses «Ding an sich», wenn man es ihnen vorwiese, doch niemals anerkennen. Um dieses *Anerkennen* aber handelt es sich. – Alles, was der Meister Eckhart sagt, ist von dieser Anerkennung durchdrungen. «Dessen nimm ein Gleichnis. Eine Tür geht in einem Angel auf und zu. Wenn ich nun das äußere Brett an der Türe dem äußeren Menschen vergleiche, so vergleiche ich den Angel dem inneren Menschen. Wenn nun die Türe auf und zu geht, so bewegt sich das äußere Brett hin und her, während doch der Angel beständig unbeweglich bleibt, und dadurch keineswegs verändert wird. In gleicher Weise ist es auch hier.» Ich kann als individuelles Sinneswesen die Dinge nach allen Seiten erforschen – die Tür geht auf und zu –; wenn ich die Wahrnehmungen der Sinne nicht geistig in mir erstehen lasse, dann kenne ich nichts von ihrem Wesen – der Angel bewegt sich nicht –. Die durch den inneren Sinn vermittelte Erleuchtung ist, nach Eckharts Anschauung, der Einzug Gottes in die Seele. Er nennt das Licht der Erkenntnis, das durch diesen Einzug aufflackert, das «Fünklein der Seele». Die Stelle des menschlichen Innern, an der dieses «Fünklein» aufleuchtet, ist «so lauter, und so hoch, und so edel in sich selber, daß darin keine Kreatur sein mag, sondern nur Gott allein wohnt darin mit seiner bloßen göttlichen Natur». Wer dieses «Fünklein» in sich hat aufgehen lassen, der sieht nicht mehr *bloß* so, wie der Mensch mit den äußeren Sinnen sieht, und mit dem logischen Verstande, der die Eindrücke der Sinne ordnet und klassifiziert, sondern er sieht, wie die Dinge an sich sind. Die äußeren Sinne und der ordnende Verstand sondern den einzelnen Menschen von den anderen Dingen ab; sie machen ihn zu einem Individuum im Raum und in der Zeit, das auch die anderen Dinge im Raum und in der Zeit wahrnimmt. Der von dem «Fünklein» erleuchtete Mensch hört auf, ein Einzelwesen zu sein. Er vernichtet seine Absonderung. Alles, was den Unterschied zwischen ihm und den Dingen bewirkt, hört auf. Daß *er*, als Einzelwesen, es ist, der wahrnimmt, kommt gar nicht mehr in Betracht. Die Dinge und er sind nicht mehr geschieden. Die Dinge und somit auch Gott sehen sich in ihm. «Dies Fünklein, das ist Gott, also, daß es ist ein einig Ein, und das Bild in sich trägt aller Kreaturen, Bild ohne Bild, und Bild über Bild.» Mit den herrlichsten Worten spricht Eckhart die Auslöschung des Einzelwesens aus: «Es ist daher zu wissen, daß das Eines ist nach den Dingen, Gott erkennen und von Gott erkannt zu sein. In dem erkennen wir Gott und sehen, daß er uns macht sehend und erkennend. Und wie die Luft, die erleuchtet, nichts anderes ist, als was sie erleuchtet; denn davon leuchtet sie, daß sie erleuchtet ist: also erkennen wir, daß wir erkannt sind und daß er uns sich machet erkennend.»

Auf solcher Grundlage erbaut sich der Meister Eckhart sein Verhältnis zu Gott. Es ist ein rein geistiges, und kann nicht nach einem Bilde geformt sein, das dem menschlichen, individuellen Leben entlehnt ist. Nicht wie ein einzelner Mensch den anderen liebt, kann Gott seine Schöpfung lieben; nicht wie ein Baumeister das Haus verfertigt, kann Gott die Welt erschaffen haben. Alle dergleichen Gedanken schwinden vor dem inneren Schauen. Es gehört zum *Wesen* Gottes, daß er die Welt liebt. Ein Gott, der lieben könnte und auch nicht lieben, ist nach dem Bilde des individuellen Menschen gebildet. «Ich sprech bei guter Wahrheit und bei ewiger Wahrheit und bei immerwährender Wahrheit, daß sich Gott in jeglichen Menschen, der sich zugrunde gelassen hat, allzumal ausgießen muß nach aller Vermögenheit, so ganz und gar, daß er in seinem Leben und in seinem Wesen, in seiner Natur und in seiner Gottheit nichts behaltet; er muß es alles zumal in fruchtbarer Art ergießen.» Und die innere Erleuchtung ist etwas, was die Seele *notwendig* finden muß, wenn sie sich auf den Grund vertieft. Schon daraus geht hervor, daß Gottes Mitteilung an die Menschheit nicht nach dem Bilde der *Offenbarung* eines Menschen an den anderen vorgestellt werden darf. *Diese* Mitteilung kann auch unterbleiben. Ein Mensch kann sich dem anderen verschließen. Gott *muß* sich, seinem Wesen nach, mitteilen. «Es ist eine sichere Wahrheit, daß es Gott also Not ist, daß er uns suche, recht als ob all seine Gottheit daran hinge. Gott mag unser so wenig entbehren als wir seiner. Mögen wir uns von Gott kehren, so mag Gott sich doch nimmer von uns kehren.» Folgerichtig kann auch dann des Menschen Verhältnis zu Gott nicht so aufgefaßt werden, daß darin etwas Bildliches, dem *individuellen* Menschlichen Entnommenes enthalten ist. Eckhart ist sich bewußt, daß es zur Vollendung des Urwesens der Welt gehört, sich in der menschlichen Seele zu finden. Dieses Urwesen wäre unvollkommen, ja unfertig, wenn es des Bestandteiles seiner Ausgestaltung entbehrte, der in der Seele des Menschen zum Vorschein kommt. Was im Menschen geschieht, gehört zu dem Urwesen; und geschähe es nicht, so wäre das Urwesen nur ein Teil seiner selbst. In diesem Sinne darf der Mensch sich als *notwendiges* Glied des Weltwesens fühlen. *Eckhart* drückt das aus, indem er seine Empfindung Gott gegenüber also schildert: «Ich danke nicht Gott, daß er mich lieb hat, denn er mag es nicht lassen; er wolle es oder nicht, seine Natur zwinget ihn doch ... Darum will ich Gott nicht bitten, daß er mir etwas gebe, ich will ihn auch nicht loben um das, was er mir gegeben hat ...»

Es ist aber dieses Verhältnis der menschlichen Seele zu dem Urwesen nicht so aufzufassen, als wenn die Seele in ihrer individuellen Wesenheit mit diesem Urwesen für einerlei erklärt würde. Die Seele, die verstrickt ist in die Sinnenwelt und damit in die Endlichkeit, hat als solche den Inhalt des Urwesens *nicht* schon in sich. Sie muß ihn in sich erst entwickeln. Sie muß sich als Einzelwesen vernichten. In treffender Weise charakterisiert der Meister Eckhart diese Vernichtung als «*Entwerdung*». «Wenn ich komme in den Grund der Gottheit, so fragt mich niemand, wannen ich komme und wo ich gewesen, und niemand vermisset mich, denn hier ist eine *Entwerdung*.» Deutlich spricht über dieses Verhältnis auch der Satz: «Ich nimm ein Becken mit Wasser und lege darin einen Spiegel und setze es unter das Rad der Sonne. Die Sonne wirft aus ihren lichten Schein in den Spiegel und vergehet doch nicht. Das Widerspiegeln des Spiegels in der Sonne ist Sonne in der Sonne, und der Spiegel ist doch, das er ist. Also ist es um Gott. Gott ist in der Seele mit seiner Natur und in seinem Wesen und seiner Gottheit, und er ist doch nicht die Seele. Das Widerspiegeln der Seele in Gott ist Gott in Gott, und die Seele ist doch, das sie ist.»

Die Seele, die sich der inneren Erleuchtung hingibt, erkennt nicht bloß in sich das, was sie *vor* der Erleuchtung war; sondern sie erkennt das, was sie erst *durch* diese Erleuchtung wird. «Wir sollen mit Gott vereinigt werden wesentlich; wir sollen mit Gott vereinigt werden einlich; wir sollen mit Gott vereinigt werden gänzlich. Wie sollen wir wesentlich mit Gott vereinigt werden? Das soll geschehen an der Schauung und nicht an der Wesung. Sein Wesen mag nicht unser Wesen werden, sondern soll unser Leben sein.» Nicht ein schon vorhandenes Leben – eine Wesung – soll im logischen Sinne erkannt werden; sondern das höhere Erkennen – die Schauung – soll selbst Leben werden; das Geistige, das Ideelle soll von dem schauenden Menschen so empfunden werden, wie von der individuellen Menschennatur das gewöhnliche, alltägliche Leben empfunden wird.

Von solchen Ausgangspunkten gelangt der Meister Eckhart auch zu einem reinen *Freiheitsbegriffe*. Die Seele ist im gewöhnlichen Leben nicht frei. Denn sie ist eingesponnen in das Reich der niederen Ursachen. Sie vollbringt, wozu sie von diesen niederen Ursachen genötigt wird. Durch die «Schauung» wird sie aus dem Gebiet dieser Ursachen hinausgehoben. Sie handelt nicht mehr als Einzelseele. Es wird in ihr die Urwesenheit freigelegt, die durch nichts mehr verursacht werden kann, denn durch sich selbst. «Gott zwingt den Willen nicht, sondern er setzt ihn vielmehr in Freiheit, also daß er nichts anderes will, denn das Gott selber will. Und der Geist mag nichts anderes wollen, denn was Gott will: und das ist nicht seine Unfreiheit; es ist seine eigentliche Freiheit. Denn Freiheit ist, daß wir nicht gebunden sind, daß wir also frei und lauter und also unvermengt seien, als wir waren in unserem ersten Ausfluß, und da wir gefreiet wurden in dem heiligen Geist.» Von dem erleuchteten Menschen darf gesagt werden, er sei selbst die Wesenheit, welche aus sich das Gute und das Böse bestimmt. Er kann gar nicht anders, als das Gute vollbringen. Denn er dienet nicht dem Guten, sondern das Gute lebt sich in ihm aus. «Der gerechte Mensch dienet weder Gott, noch den Kreaturen; denn er ist frei, und je näher er der Gerechtigkeit ist, desto mehr ist er die Freiheit selber.» Was kann, für den Meister Eckhart, dann das Böse nur sein? Es kann nur das Handeln unter dem Einfluß der untergeordneten Anschauungsweise sein; das Handeln einer Seele, die nicht durch den Zustand der *Entwerdung* durchgegangen ist. Eine solche Seele ist selbstsüchtig in dem Sinne, daß sie nur *sich* will. Sie könnte nur äußerlich ihr Wollen mit sittlichen Idealen in Einklang bringen. Die schauende Seele kann in diesem Sinne nicht selbstsüchtig sein. Wenn sie auch *sich* wollte, so wollte sie doch die Herrschaft des Idealen; denn sie hat sich selbst zu diesem Idealen gemacht. Sie kann nicht mehr die Ziele der niederen Natur wollen, denn sie hat nichts mehr mit dieser niederen Natur gemein. Es bedeutet für die schauende Seele keinen Zwang, keine Entbehrung, im Sinne der sittlichen Ideale zu handeln. «Der Mensch, der da steht in Gottes Willen und in Gottes Minne, dem ist es eine *Lust*, alle guten Dinge zu tun, die Gott will, und alle bösen Dinge zu lassen, die wider Gott sind. Und es ist ihm unmöglich, ein Ding zu lassen, das Gott will gewirkt haben. Recht so, dem wäre unmöglich zu gehen, dem seine Beine gebunden sind, so unmöglich wäre dem Menschen eine Untugend zu tun, der in Gottes Willen ist.» Eckhart verwahrt sich noch ausdrücklich dagegen, daß mit dieser seiner Anschauung ein Freibrief gegeben wäre für alles mögliche, was der einzelne will. Gerade daran erkennt man den Schauenden, daß er gar nichts mehr als einzelner will. «Es sprechen etliche Menschen: habe ich Gott und Gottes Freiheit, so mag ich wohl tun alles, was ich will. Dies Wort verstehen sie unrecht. Dieweil du irgendein Ding vermagst, das wider Gott ist und sein Gebot, so hast du Gottes Minne nicht; du magst die Welt wohl betrügen, als habest du sie.» Eckhart ist überzeugt, daß der Seele, die sich bis zu ihrem Grunde vertieft, auf diesem Grunde auch die vollkommene Sittlichkeit entgegenleuchtet, daß da alles logische Begreifen und alles Handeln im gewöhnlichen Sinne aufhört und eine ganz neue Ordnung des Menschenlebens eintritt. «Denn alles, was das Verständnis begreifen mag, und alles, was die Begehrung begehret, das ist ja Gott nicht. Wo die Verständnis und die Begehrung endet, da ist es finster, da leuchtet Gott. Da tut sich jene Kraft in der Seele auf, die weiter ist denn der weite Himmel.» «Der Gerechten Seligkeit und Gottes Seligkeit ist Eine Seligkeit; denn da ist der Gerechte selig, da Gott selig ist.»

In *Johannes Tauler* (1300–1361), *Heinrich Suso* (1295–1366) und *Johannes Ruysbroeck* (1293–1381) lernt man Persönlichkeiten kennen, in deren Leben und Wirken sich auf die eindringlichste Art die Seelenbewegungen zeigen, die ein Geistesweg wie derjenige des Meister Eckhart in tiefangelegten Naturen verursacht. Erscheint Eckhart wie ein Mann, der in seligem Erleben der geistigen Wiedergeburt von der Beschaffenheit und dem Wesen der Erkenntnis wie von einem Bilde spricht, das ihm gelungen ist zu malen: so stellen sich die anderen dar wie Wanderer, denen diese Wiedergeburt einen neuen Weg gezeigt hat, den sie wandeln wollen, dessen Ziel sich ihnen aber in unendliche Ferne rückt. Eckhart schildert mehr die Herrlichkeiten seines Bildes, sie die Schwierigkeiten des neuen Weges. Man muß sich völlig klar machen, wie der Mensch zu seinen höheren Erkenntnissen steht, wenn man den Unterschied von Persönlichkeiten wie Eckhart und Tauler sich vor die Seele treten lassen will. Der Mensch ist eingesponnen in die Sinnenwelt und in die Naturgesetzlichkeit, von welcher die Sinnenwelt beherrscht ist. Er ist selbst ein Ergebnis dieser Welt. Er lebt, indem ihre Kräfte und Stoffe in ihm tätig sind; ja er nimmt diese Sinnenwelt wahr und beurteilt sie nach den Gesetzen, nach denen sie und er aufgebaut sind. Wenn er sein Auge auf einen Gegenstand richtet, so stellt sich ihm nicht nur der Gegenstand als eine Summe von ineinanderwirkenden Kräften dar, die von den Naturgesetzen beherrscht sind, sondern das Auge selbst ist ein nach solchen Gesetzen und von solchen Kräften aufgebauter Körper; und das Sehen geschieht nach solchen Geszen und durch solche Kräfte. Wären wir in der Naturwissenschaft an ein Ende gekommen, so könnten wir wohl bis in die höchsten Regionen der Gedankenbildung dieses Spiel der Naturkräfte im Sinne der Naturgesetze verfolgen. – Aber schon, indem wir dies tun, erheben wir uns *über* dieses Spiel. Stehen wir denn nicht über aller bloßen Naturgesetzmäßigkeit, wenn wir *überschauen*, wie wir uns selbst in die Natur eingliedern? Wir *sehen* mit unserem Auge nach den Gesetzen der Natur. Aber wir *erkennen* auch die Gesetze, nach denen wir sehen. Wir können uns auf eine höhere Warte stellen, und zugleich die Außenwelt und uns selbst in ihrem Zusammenspiel überschauen. Wirkt da nicht eine Wesenheit in uns, die höher ist als die nach Naturgesetzen und mit Naturkräften tätige sinnlich-organische Persönlichkeit? Ist in solchem Wirken noch eine Scheidewand zwischen unserem Innern und der Außenwelt? Was da urteilt, was sich Aufklärung verschafft, ist nicht mehr unsere Einzelpersönlichkeit; es ist vielmehr die allgemeine Weltwesenheit, welche die Schranke niedergerissen hat zwischen Innenwelt und Außenwelt, und die nunmehr beide umspannt. So wahr es ist, daß ich noch immer derselbe Einzelne der äußeren Erscheinung nach bleibe, wenn ich in dieser Art die Schranke niedergerissen habe, so wahr ist es auch, daß ich *dem Wesen nach* nicht mehr dieser Einzelne bin. In mir lebt nunmehr die Empfindung, daß in meiner Seele das Allwesen spricht, das mich und alle Welt umfaßt. – Solche Empfindungen leben in *Tauler*, wenn er sagt: «Der Mensch ist recht, als ob er drei Menschen sei, sein tierischer Mensch, wie er nach den Sinnen ist, dann sein vernünftiger Mensch, und endlich sein oberster gottförmiger, gottgebildeter Mensch» ... «Der eine ist der auswendige, tierische, sinnliche Mensch; der andere ist der inwendige, vernünftige Mensch, mit seinen vernünftigen Kräften; der dritte Mensch ist das Gemüt, der allerDoberste Teil der Seele» (vgl. W. Preger, «Geschichte der deutschen Mystik», 3. Bd., S. 161). Wie dieser dritte Mensch erhaben ist über den ersten und zweiten, das hat Eckhart in den Worten gesagt: «Das Auge, durch das ich Gott sehe, das ist das gleiche Auge, mit dem Gott mich sieht. Mein Auge und Gottes Auge das ist ein Auge und ein Sehen und ein Erkennen und ein Empfinden.» Aber in Tauler lebt zugleich mit dieser eine andere Empfindung. Er ringt sich durch zu einer wirklichen Anschauung vom Geistigen und vermengt nicht fortwährend, wie die falschen Materialisten und die falschen Idealisten, das Sinnlich-Natürliche mit dem Geistigen. Wäre Tauler, mit seiner Gesinnung, Naturforscher geworden: er hätte darauf bestehen müssen, alles Natürliche, mit Einschluß des *ganzen* Menschen, des ersten und zweiten, rein naturgemäß zu erklären. Er hätte niemals «rein» geistige Kräfte in die Natur selbst versetzt. Er hätte nicht von einer nach Menschenmuster gedachten «Zweckmäßigkeit» in der Natur gesprochen. Er wußte, daß da, wo wir mit den Sinnen wahrnehmen, keine «Schöpfungsgedanken» zu finden sind. In ihm lebte vielmehr das allerstärkste Bewußtsein davon, daß der Mensch ein bloß natürliches Wesen ist. Und da er sich nicht als Naturforscher, sondern als Pfleger des sittlichen Lebens fühlte, so empfand er den Gegensatz, der sich auftut zwischen diesem natürlichen Wesen des Menschen und dem Gottschauen, das inmitten der Natürlichkeit, auf natürliche Weise, aber als Geistigkeit entspringt. Eben in diesem Gegensatz trat ihm der Sinn des Lebens vor Augen.

Als Einzelwesen, als Naturgeschöpf findet sich der Mensch. Und keine Wissenschaft kann ihm etwas anderes über dieses Leben eröffnen, als daß er ein solches Naturgeschöpf ist. Er kann als Naturgeschöpf nicht über die Naturgeschöpflichkeit hinaus. Er muß in ihr bleiben. Und doch führt ihn sein inneres Leben darüber hinaus. Er muß Vertrauen haben zu dem, was ihm keine Wissenschaft der äußeren Natur geben und zeigen kann. Nennt er diese Natur das Da-Seiende, so muß er vordringen können zu der Anschauung, die das Nicht-Seiende als das Höhere anerkennt. Tauler sucht keinen Gott, der im Sinne einer Naturkraft vorhanden ist; er sucht keinen Gott, der im Sinne der Menschenschöpfungen die Welt geschaffen hätte. In ihm lebt die Erkenntnis, daß selbst der Schöpfungsbegriff der Kirchenlehrer nur idealisiertes Menschenschaffen ist. Ihm ist klar, daß Gott nicht gefunden wird, wie von der Wissenschaft Naturwirken und Naturgesetzlichkeit gefunden werden. Tauler ist sich dessen bewußt, daß wir zu der Natur als Gott nichts hinzu denken dürfen. Er weiß, daß wer, in seinem Sinne, Gott denkt, nicht mehr Gedankeninhalt denkt, als wer die Natur in Gedanken gefaßt hat. Tauler will deshalb nicht Gott denken, sondern er will göttlich denken. Nicht *bereichert* wird die Naturerkenntnis durch das Gotteswissen, sondern *verwandelt. Nicht anderes* weiß der Gotteserkenner als der Naturerkenner, sondern er *weiß anders.* Nicht einen Buchstaben kann der Gotteserkenner zu dem Naturerkennen hinzufügen; aber durch sein ganzes Naturerkennen leuchtet ein neues Licht.

Welche Grundempfindungen sich der Seele eines Menschen bemächtigen, der die Welt von solchen Gesichtspunkten aus betrachtet, das wird davon abhängen, wie er das Erlebnis der Seele betrachtet, das die geistige Wiedergeburt bringt. Innerhalb dieses Erlebnisses ist der Mensch ganz Naturwesen, wenn er sich im Zusammenspiel mit der übrigen Natur betrachtet; und er ist ganz Geistwesen, wenn er auf den Zustand sieht, den ihm seine Verwandlung bringt. Man kann deshalb mit gleichem Rechte sagen: der tiefste Grund der Seele ist noch natürlich, wie auch, er ist schon göttlich. Tauler betonte, seiner Sinnesweise gemäß, das erstere. Wir mögen noch so tief in unsere Seele dringen, wir bleiben immer Einzelmenschen, sagte er sich. Aber doch leuchtet in dem Seelengrunde des Einzelmenschen das Allwesen auf. Tauler war beherrscht von dem Gefühle: du kannst dich von der Einzelheit nicht loslösen, dich von ihr nicht reinigen. Deshalb kann das Allwesen auch nicht in seiner Reinheit in dir zum Vorschein kommen, sondern es kann nur deinen Seelengrund bescheinen. In diesem kommt also doch nur ein Abglanz, ein *Bild* des Allwesens zustande. Du kannst deine Einzelpersönlichkeit so verwandeln, daß sie im Bilde das Allwesen wiedergibt; aber dieses Allwesen selbst leuchtet nicht in dir. Von solchen Vorstellungen aus kam Tauler doch zu dem Gedanken einer nie in der menschlichen Welt ganz aufgehenden, nie in sie einfließenden Gottheit. Ja, er legt Wert darauf, nicht mit denen verwechselt zu werden, die das Innere des Menschen selbst als ein Göttliches erklären. Er sagt, die Vereinigung mit Gott «nehmen unverständige Menschen fleischlich und sprechen, sie sollten in göttliche Natur verwandelt werden; das ist aber zumal falsch und böse Ketzerei. Denn auch bei der allerhöchsten, nächsten, innigsten Einigung mit Gott ist doch göttliche Natur und Gottes Wesen hoch, ja höher als alle Höhe; das gehet in einen göttlichen Abgrund, was da nimmer keiner Kreatur wird.» Tauler will, im Sinne seiner Zeit und im Sinne seines Priesterberufs gläubiger Katholik mit Recht genannt werden. Es liegt ihm nicht daran, dem Christentum eine andere Anschauung entgegenzusetzen. Er will dieses Christentum durch seine Anschauung nur vertiefen, vergeistigen. Er spricht wie ein frommer Priester von dem Inhalte der Schrift. Aber diese Schrift wird in seiner Vorstellungswelt doch zu einem Ausdrucksmittel für die innersten Erlebnisse seiner Seele. «Gott wirket alle seine Werke in der Seele und gibt sie der Seele, und der Vater gebiert seinen eingeborenen Sohn in der Seele, so wahrlich er ihn in der Ewigkeit gebiert, weder minder noch mehr. Was wird geboren, wenn man spricht: Gott gebiert in der Seele? Ist es ein Gleichnis Gottes, oder ist es ein Bild Gottes, oder ist es etwas Gottes? Nein, es ist weder Bild, noch Gleichnis Gottes, sondern derselbe Gott und derselbe Sohn, den der Vater in der Ewigkeit gebiert und nichts anderes, denn das minnigliche göttliche Wort, das die andere Person in der Dreifaltigkeit ist, den gebiert der Vater in der Seele ... und hievon hat die Seele also große und sonderliche Würdigkeit» (vgl. Preger, «Geschichte der deutschen Mystik», 3. Bd., S. 219 f.). – Die Erzählungen der Schrift werden für Tauler das Kleid, in das er Vorgänge des inneren Lebens hüllt. «Herodes, der das Kind verjagte und töten wollte, ist ein Vorbild der Welt, welche noch dieses Kind in einem gläubigen Menschen töten will, darum soll und muß man sie fliehen, wollen wir anders das Kind in uns lebendig erhalten, das Kind aber ist die erleuchtete gläubige Seele eines jeglichen Menschen.»

Tauler kommt es deshalb, weil er den Blick auf den natürlichen Menschen richtet, weniger darauf an, zu sagen, was wird, wenn der höhere Mensch in den natürlichen einzieht, als vielmehr, die Wege zu finden, welche die niederen Kräfte der Persönlichkeit einzuschlagen haben, wenn sie in das höhere Leben übergeführt werden sollen. Als Pfleger des sittlichen Lebens will er dem Menschen die Wege zum Allwesen zeigen. Er hat den unbedingten Glauben und das Vertrauen, daß das Allwesen in dem Menschen aufleuchtet, wenn dieser sein Leben so einrichtet, daß für das Göttliche in ihm eine Stätte ist. Niemals aber kann dieses Allwesen aufleuchten, wenn der Mensch in seiner bloßen, natürlichen, einzelnen Persönlichkeit sich abschließt. Dieser in sich abgesonderte Mensch ist in der Sprache Taulers nur ein Glied der Welt; eine einzelne Kreatur. Je mehr sich der Mensch in dieses sein Dasein als Glied der Welt einschließt, desto weniger kann das Allwesen in ihm Platz finden. «Soll der Mensch in der Wahrheit mit Gott eins werden, so müssen alle Kräfte auch des inwendigen Menschen sterben und schweigen. Der Wille muß selbst des Guten und alles Willens entbildet und willenlos werden.» «Der Mensch soll entweichen allen Sinnen und einkehren alle seine Kräfte, und kommen in ein Vergessen aller Dinge und seiner selbst.» «Denn das wahrhafte und ewige Wort Gottes wird allein in der Wüste gesprochen, wenn der Mensch von sich selbst und von allen Dingen ausgegangen ist, und ganz ledig, wüst und einsam steht.»

Als Tauler auf seiner Höhe stand, da trat die Frage in den Mittelpunkt seines Vorstellungslebens: wie kann der Mensch sein Einzeldasein in sich vernichten, überwinden, damit er im Sinne des All-Lebens mitlebe? Wer in dieser Lage ist, dem drängen sich die Gefühle gegenüber dem Allwesen in das eine zusammen: Ehrfurcht vor diesem Allwesen, als dem, was unerschöpflich, unendlich ist. Er sagt sich: hast du welche Stufe immer erreicht; es gibt noch höhere Ausblicke, noch erhabenere Möglichkeiten. So bestimmt und klar ihm die Richtung ist, in der er seine Schritte zu bewegen hat, so klar ist ihm auch, daß er von einem Ziele nie sprechen kann. Ein neues Ziel ist nur der Anfang zu einem neuen Wege. Durch ein solches neues Ziel hat der Mensch einen *Entwicklungsgrad* erreicht; die Entwicklung selbst bewegt sich ins Unermeßliche. Und was sie auf einer ferneren Stufe erreichen wird, weiß sie in der gegenwärtigen nie. Ein *Erkennen* des letzten Zieles gibt es nicht; nur ein *Vertrauen* in den Weg, in die Entwicklung. Für alles, was der Mensch schon erreicht hat, gibt es ein Erkennen. Es besteht in dem Durchdringen eines schon vorhandenen Gegenstandes durch die Kräfte unseres Geistes. Für das höhere Leben des Innern gibt es ein *solches* Erkennen nicht. Hier müssen sich die Kräfte unseres Geistes den Gegenstand selbst erst in das Vorhandensein versetzen; sie müssen ihm ein Dasein, das so ist, wie das natürliche Dasein, erst *schaffen*. Die Naturwissenschaft verfolgt die Entwicklung der Wesen von dem einfachsten bis zu dem vollkommensten, dem Menschen selbst. *Diese* Entwicklung liegt als abgeschlossene vor uns. Wir erkennen sie, indem wir sie mit unseren Geisteskräften durchdringen. Ist die Entwicklung beim Menschen angekommen, dann *findet* er keine weitere Fortsetzung vorhanden vor. Er vollzieht selbst die Weiterentwicklung. Er *lebt* nunmehr, was er für frühere Stufen bloß *erkennt*. Er *schafft* dem Gegenstande nach, was er für das vorhergehende nur dem geistigen Wesen gemäß *nachschafft*. Daß die Wahrheit nicht eins ist mit dem Vorhandenen in der Natur, sondern natürlich Vorhandenes und Nicht-Vorhandenes umspannt: davon ist Tauler ganz erfüllt in allen seinen Empfindungen. Es ist uns überliefert, daß er zu dieser Erfüllung durch einen erleuchteten Laien, einen «Gottesfreund vom Oberland» geführt worden ist. Es liegt hier eine geheimnisvolle Geschichte vor. Darüber, wo dieser Gottesfreund gelebt hat, gibt es nur Vermutungen; darüber, wer er gewesen ist, nicht einmal solche. Er soll viel von Taulers Art, zu predigen, gehört haben, und sich nach diesen Mitteilungen entschlossen haben, zu Tauler, der als Prediger in Straßburg wirkte, zu reisen, um an ihm eine Aufgabe zu erfüllen. Das Verhältnis Taulers zum Gottesfreund und den Einfluß, den dieser auf jenen ausgeübt hat, finden wir in einer Schrift dargestellt, die den ältesten Ausgaben von Taulers Predigten unter dem Titel «Das Buch des Meisters» beigedruckt ist. Darin erzählt ein Gottesfreund, in dem man den erkennen will, der zu Tauler in Beziehungen getreten ist, von einem «Meister», als den man Tauler selbst erkennen will. Er erzählt, wie ein Umschwung, eine geistige Wiedergeburt in einem «Meister» bewirkt worden ist, und wie dieser, als er seinen Tod herankommen fühlte, den Freund zu sich rief und ihn bat, die Geschichte seiner «Erleuchtung» zu schreiben, jedoch dafür zu sorgen, daß niemals jemand erfährt, von wem in dem Buche die Rede ist. Er bittet darum aus dem Grunde, weil alle die Erkenntnisse, die von ihm ausgehen, doch nicht von ihm sind. «Denn wisset, Gott hat alles durch mich armen Wurm gewirkt, das ist es auch, es ist nicht mein, es ist Gottes.» Ein wissenschaftlicher Streit, der sich an die Angelegenheit geknüpft hat, ist für das Wesen der Sache nicht von der allergeringsten Bedeutung. Es wurde von einer Seite (Denifle, «Die

Dichtungen des Gottesfreundes im Oberlande») zu beweisen versucht, daß der Gottesfreund niemals existiert habe, sondern daß seine Existenz erdichtet sei, und die ihm zugeschriebenen Bücher von einem anderen (Rulman Merswin) herrühren. Mit vielen Gründen hat Wilhelm Preger («Geschichte der deutschen Mystik») die Existenz, die Echtheit der Schriften und die Richtigkeit der Tatsachen, die sich auf Tauler beziehen, zu stützen gesucht. – Mir obliegt es hier nicht, mit aufdringlicher Forschung ein menschliches Verhältnis zu beleuchten, von dem derjenige, welcher die in Betracht kommenden Schriften zu lesen versteht, ganz gut weiß, daß es Geheimnis bleiben soll. (Diese in Betracht kommenden Schriften sind u. a.: «Von eime eiginwilligen weltwisen manne, der von eime heiligen weltpriestere gewiset wart uffe demuetige gehorsamme», 1338; «Das Buch von den zwei Mannen»; «Der gefangene Ritter», 1349; «Die geistliche stege», 1350; «Von der geistlichen Leiter», 1357; «Das Meisterbuch», 1369; «Geschichte von zwei jungen 15 jährigen Knaben».) Wenn von Tauler gesagt wird, daß mit ihm auf einer gewissen Stufe seines Lebens eine Wandlung sich vollzogen habe, wie diejenige ist, die ich nunmehr schildern will, so genügt das vollkommen. Taulers Persönlichkeit kommt dabei gar nicht mehr in Betracht, sondern eine Persönlichkeit «im allgemeinen». Was Tauler betrifft, so geht uns nur an, daß wir *seine* Wandlung unter dem durch das Folgende angegebenen Gesichtspunkte zu verstehen haben. Vergleichen wir sein späteres Wirken mit seinem vorhergehenden, so ist, ohne weiteres, die Tatsache dieser Wandlung gegeben. Ich lasse alle äußeren Tatsachen weg und erzähle die inneren Seelenvorgänge des «Meisters» unter «dem Einflusse des Laien». Was sich mein Leser unter dem «Laien» und unter dem «Meister» denkt, hängt ganz von seiner Geistesart ab; was ich mir selbst darunter vorstelle, davon kann ich nicht wissen, für wen es noch in Betracht kommt. – Ein Meister belehrt seine Zuhörer über das Verhältnis der Seele zum Allwesen der Dinge. Er spricht davon, daß der Mensch nicht mehr die natürlichen, beschränkten Kräfte der Einzelpersönlichkeit in sich wirken fühlt, wenn er in den Abgrund seiner Seelentiefen hinuntersteigt. Dort spricht nicht mehr der einzelne Mensch, dort spricht Gott. Dort sieht nicht der Mensch Gott, oder die Welt; dort sieht Gott sich selbst. Der Mensch ist mit Gott *eins* geworden. Aber der Meister weiß, daß diese Lehre noch nicht völlig lebendig in ihm geworden ist. Er denkt sie mit dem Verstande; aber er lebt noch nicht in ihr mit jeder Faser seiner Persönlichkeit. Er lehrt also von einem Zustande, den er in sich noch nicht vollkommen durchgemacht hat. Die Schilderung des Zustandes entspricht der Wahrheit; doch ist diese Wahrheit nichts wert, wenn sie nicht Leben gewinnt, wenn sie sich nicht in der Wirklichkeit als Dasein hervorbringt. Der «Laie» oder «Gottesfreund» hört von dem Meister und seinen Lehren. Er ist von der Wahrheit, die der Meister ausspricht, nicht minder durchdrungen als dieser selbst. Aber er hat diese Wahrheit nicht als Verstandessache. Er hat sie als ganze Kraft seines Lebens. Er weiß, daß man diese Wahrheit, wenn sie von außen angeflogen ist, selbst aussprechen kann, ohne auch nur im geringsten in ihrem Sinne zu leben. Man hat dann doch nichts anderes als die natürliche Erkenntnis des Verstandes in sich. Man spricht von dieser natürlichen Erkenntnis dann so, als ob sie die höchste, mit dem Wirken des Allwesens gleiche, wäre. Sie ist es nicht, weil sie nicht in einem Leben erworben ist, das schon als ein verwandeltes, als ein wiedergeborenes an diese Erkenntnis herangetreten ist. Was man als *bloß* natürlicher Mensch erwirbt, das bleibt *bloß* natürlich, auch wenn man hinterher den Grundzug der höheren Erkenntnis in Worten ausspricht. Aus der Natur selbst heraus muß die Verwandlung vollzogen werden. Die Natur, die lebend sich bis zu einer gewissen Stufe entwickelt hat, muß durch das Leben weiterentwickelt werden; neues muß durch diese Weiterentwicklung entstehen. Nicht bloß zurückschauen auf die schon vorliegende Entwicklung darf der Mensch und das, was sich in seinem Geiste über diese Entwicklung *nachbildet*, als das höchste ansprechen; sondern *vorschauen* muß er auf Ungeschaffenes; ein *Anfang* eines neuen Inhalts muß seine Erkenntnis sein, nicht ein *Ende* des vor ihr liegenden Entwicklungsinhalts. Die Natur schreitet vom Wurm zum Säugetier, vom Säugetier zum Menschen nicht in einem begrifflichen, sondern in einem wirklichen Prozeß. Der Mensch soll diesen Prozeß im Geiste nicht bloß wiederholen. Die geistige Wiederholung ist nur der Anfang einer neuen wirklichen Entwicklung, die aber eine geistige Wirklichkeit ist. Der Mensch erkennt dann nicht bloß, was die Natur hervorgebracht hat; er setzt die Natur fort; er setzt seine Erkenntnis in lebendiges Tun um. Er gebiert in sich den Geist; und dieser Geist schreitet von da an fort von Entwicklungsstufe zu Entwicklungsstufe, wie die Natur fortschreitet. Der Geist beginnt einen Naturprozeß auf höherer Stufe. Das Sprechen über den Gott, der sich im Innern des Menschen selbst schaut, nimmt bei dem, der solches erkannt hat, einen anderen Charakter an. Er legt wenig Wert darauf, daß eine schon erlangte Erkenntnis ihn in die Tiefen des Allwesens geführt hat; dafür gewinnt seine Geistesart ein neues Gepräge. Sie entwickelt sich in der Richtung, die durch das Allwesen bestimmt ist, weiter. Ein solcher Mensch *betrachtet* nicht allein die Welt anders als der bloß Verständige; er *lebt* das Leben anders. Er spricht nicht von dem *Sinn*, den das Leben schon hat durch die Kräfte und Gesetze der Welt; sondern er gibt erst diesem Leben einen neuen Sinn. So wenig der Fisch das in sich hat, was auf späterer Entwicklungsstufe als Säugetier zum Vorschein kommt, so wenig hat der verständige Mensch das schon in sich, was aus ihm als höherer Mensch geboren werden soll. Könnte der Fisch sich und die Dinge um sich her erkennen: er betrachtete das Fisch-Sein als den Sinn des Lebens. Er würde sagen: Das Allwesen ist gleich dem Fisch; im Fisch sieht das Allwesen sich selbst. So mag der Fisch sprechen, solange er bloß an sein verstandesmäßiges Erkennen sich hält. In Wirklichkeit hält er sich nicht daran. Er geht mit seinem Wirken über sein Erkennen hinaus. Er wird zum Kriechtier und später zum Säugetier. Der Sinn, den er sich in Wirklichkeit gibt, geht über den Sinn, den ihm das bloße Betrachten eingibt, hinaus. Auch beim Menschen muß es so sein. Er gibt sich einen Sinn in der Wirklichkeit; er bleibt nicht stehen bei dem Sinne, den er schon hat, und den ihm seine Betrachtung zeigt. Das Erkennen springt über sich selbst hinaus, wenn es sich nur recht versteht. Die Erkenntnis kann nicht aus einem fertigen Gotte die Welt ableiten; sie kann nur aus einem Keime sich in der Richtung nach einem Gotte entwickeln. Der Mensch, der das begriffen hat, will nicht Gott betrachten wie etwas, das außer ihm ist; er will Gott behandeln wie ein Wesen, welches mit ihm wandelt zu einem Ziel, das im Anfange so unbekannt ist, wie dem Fisch die Natur des Säugetiers unbekannt ist. Nicht Erkenner des verborgenen, oder sich offenbarenden, seienden Gottes will er sein, sondern Freund des göttlichen, über Sein und Nicht-Sein erhabenen göttlichen Tuns und Wirkens. Ein «Gottesfreund» in diesem Sinne war der Laie, der zu dem Meister kam. Und durch ihn wurde der Meister aus einem Betrachter der Wesenheit Gottes ein «Lebendiger im Geiste», der nicht bloß betrachtete, sondern *lebte* im höheren Sinn. Dieser holte nun nicht mehr Begriffe und Ideen des Verstandes aus seinem Innern, sondern diese Begriffe und Ideen drangen aus ihm hervor als lebendiger, wesenhafter Geist. Er erbaute nicht mehr bloß seine Zuhörer; er erschütterte sie. Er versenkte ihre Seelen nicht mehr in ihr Inneres; er führte sie in ein neues Leben. Symbolisch wird uns das erzählt: etwa vierzig Menschen fielen durch seine Predigt hin und waren wie tot.

Als Führer zu einem solchen neuen Leben stellt sich eine Schrift dar, über deren Verfasser nichts bekannt ist. Luther hat sie zuerst durch den Druck bekanntgemacht. Der Sprachforscher Franz Pfeiffer hat sie nach einer aus dem Jahre 1497 stammenden Handschrift neuerdings gedruckt, und zwar mit einer dem Urtext gegenüberstehenden neudeutschen Übersetzung. Was der Schrift vorgeschickt ist, gibt ihre Absicht und ihr Ziel an: «Hier hebet der Frankfurter an und sagt gar hohe und gar schöne Dinge von einem vollkommenen Leben.» Es schließt sich daran «die Vorrede über den Frankfurter»: «Dies Büchlein hat der allmächtige, ewige Gott ausgesprochen durch einen weisen, verständigen, wahrhaftigen, gerechten Menschen, seinen Freund, der vor Zeiten ein deutscher Herr gewesen ist, ein Priester und ein Custos in der deutschen Herren Haus zu Frankfurt; es lehret gar manche liebliche Erkenntnis göttlicher Wahrheit, und besonders, wie und wodurch man erkennen mag die wahrhaften, gerechten Gottesfreunde, und auch die ungerechten, falschen, freien Geister, die der heiligen Kirche gar schädlich sind.» – Man darf unter «freien Geistern» diejenigen verstehen, welche in einer Vorstellungswelt leben, wie der oben beschriebene «Meister» vor seiner Verwandlung durch den «Gottesfreund», und unter den «wahrhaften, gerechten Gottesfreunden» solche mit der Gesinnung des «Laien». Man darf ferner dem Buch die Absicht zuschreiben, auf seine Leser so zu wirken, wie der «Gottesfreund im Oberland» auf den Meister gewirkt hat. Man kennt den Verfasser nicht. Was heißt das aber? Man weiß nicht, wann er geboren und gestorben ist, und was er innerhalb des äußerlichen Lebens getrieben hat. Daß der Verfasser über diese Tatsachen seines äußeren Lebens ein ewiges Geheimnis erstrebt hat, gehört schon zu der Art, in der er wirken wollte. Nicht das in einem bestimmten Zeitpunkte geborene «Ich» dieses oder jenes Menschen soll zu uns sprechen, sondern die Ichheit, auf deren Grund sich «die Besonderheit der Individualitäten» (im Sinne des Ausspruches Paul Asmus', vgl. oben S. 30) erst entwickelt. «Wenn Gott alle Menschen an sich nähme, die da sind und je waren, und in ihnen vermenscht würde, und sie in ihm vergottet, und geschähe es nicht auch an mir, so würden mein Fall und mein Abkehren nimmer gebessert, es geschähe denn auch in mir. Und in dieser Wiederherstellung und Besserung kann und mag und soll ich nichts dazu tun, als ein bloßes lauteres Leiden, also daß Gott allein alle Dinge in mir tue und wirke, und ich leide ihn und alle seine

Werke und seinen göttlichen Willen. Aber so ich das nicht leiden will, sondern mich besitze mit Eigenschaft, d.i. mit Mein und Ich, Mir, Mich und dergleichen, das hindert Gott, daß er nicht lauterlich allein und ohne Hindernis in mir sein Werk wirken kann. Darum so bleibt auch mein Fall und mein Abkehren ungebessert.» Der «Frankfurter» will nicht als Einzelner sprechen; er will Gott sprechen lassen. Daß er das doch nur als einzelne, besondere Persönlichkeit kann, weiß er natürlich; aber er ist «Gottesfreund», das heißt, ein Mensch, der nicht durch Betrachten das Wesen des Lebens darstellen, sondern durch den lebendigen Geist den *Anfang* einer Entwicklungsrichtung weisen will. Die Auseinandersetzungen der Schrift sind verschiedene Unterweisungen, wie man zu diesem Wege kommt. Der Grundgedanke kehrt immer wieder: Der Mensch soll abstreifen alles, was mit derjenigen Anschauung zusammenhängt, die ihn als eine einzelne, besondere Persönlichkeit erscheinen läßt. Dieser Gedanke scheint nur im Hinblick auf das sittliche Leben ausgeführt; er ist, ohne weiteres, auch auf das höhere Erkenntnisleben zu übertragen. Man soll in sich vernichten, was als Besonderheit erscheint: dann hört das Sonderdasein auf; das All-Leben zieht in uns ein. Wir können uns nicht dadurch dieses All-Lebens bemächtigen, daß wir es an uns heranziehen. Es kommt in uns, wenn wir das Einzel-Sein in uns zum Schweigen bringen. Wir haben gerade dann das All-Leben am allerwenigsten, wenn wir unser Einzeldasein so betrachten, als wenn in ihm schon das All ruhte. Dies geht erst dann in dem Einzeldasein auf, wenn dieses Einzeldasein nicht für sich in Anspruch nimmt, etwas zu sein. Dieses Beanspruchen des Einzeldaseins nennt die Schrift das «Annehmen». Durch das «Annehmen» macht es sich das «Ich» unmöglich, daß das All-Ich in es einzieht. Das Ich setzt sich dann als Teil, als Unvollkommenes an die Stelle des Ganzen, des Vollkommenen. «Das Vollkommene ist ein Wesen, das in sich und in seinem Wesen alle Wesen begriffen und beschlossen hat, und ohne das und außer dem kein wahres Wesen ist, und in dem alle Dinge ihr Wesen haben; denn es ist aller Dinge Wesen und ist in sich selber unwandelbar und unbeweglich, und verwandelt und bewegt alle anderen Dinge. Aber das Geteilte und Unvollkommene ist das, was aus diesem Vollkommenen entsprungen ist, oder wird, recht wie ein Glanz oder ein Schein, der da ausfließt aus der Sonne oder aus einem Lichte und scheint etwas, dies oder das. Und das heißt Kreatur, und dieser Geteilten aller ist keins das Vollkommene. *Also ist auch das Vollkommene der Geteilten keins* ... Wenn das Vollkommene kommt, so verschmäht man das Geteilte. Wann kommt es aber? Ich spreche: wenn es, sofern es möglich ist, erkannt, empfunden und geschmeckt wird in der Seele; denn der Mangel liegt gänzlich in uns und nicht in ihm. Denn gleich wie die Sonne die ganze Welt erleuchtet und dem einen ebenso nahe ist wie dem anderen, so sieht sie doch ein Blinder nicht. Aber das ist kein Gebrechen der Sonne, sondern des Blinden ... Soll mein Auge etwas sehen, so muß es gereinigt werden, oder sein von allen anderen Dingen ... Nun möchte man sprechen: sofern es nun unerkenntlich und unbegreiflich ist von allen Kreaturen, und die Seele nun eine Kreatur ist, wie mag es dann in der Seele erkannt werden?» Antwort: darum spricht man, die Kreatur soll *als Kreatur* erkannt werden. Das heißt so viel, als alle Kreatur soll als Kreatürlichkeit und Geschaffenheit angesehen werden, und nicht, wodurch dies Erkennen unmöglich ist, als Ichheit und Selbstheit sich betrachten. «Denn in welcher Kreatur dies Vollkommene erkannt werden soll, da muß Kreatürlichkeit, Geschaffenheit, Ichheit, Selbstheit und dergleichen alles verloren und zu nichte werden.» (1. Kapitel der Schrift des Frankfurters.) Die Seele muß also in sich sehen, da findet sie ihre Ichheit, ihre Selbstheit. Bleibt sie dabei stehen, so scheidet sie sich von dem Vollkommenen ab. Betrachtet sie ihre Ichheit nur als eine ihr gleichsam geliehene und vernichtet sie im Geiste dieselbe, so wird sie von dem Strom des All-Lebens, der Vollkommenheit, erfaßt. «Wenn sich die Kreatur etwas Gutes annimmt, als Wesens, Lebens, Wissens, Erkennens, Vermögens, kürzlich alles dessen, das man gut nennen soll, und meint, daß sie das sei oder daß es das Ihre sei oder ihr zugehöre oder daß es von ihr sei: so oft und viel das geschieht, so kehrt sie sich ab.» Es hat «die geschaffene Seele des Menschen zwei Augen. Das eine ist die Möglichkeit, zu sehen in die Ewigkeit; das andere, zu sehen in die Zeit und in die Kreatur.» «Der Mensch sollte also gar frei ohne sich selbst stehen und sein, das ist ohne Selbstheit, Ichheit, Mir, Mein, Mich und desgleichen, also daß er sich und des Seinen so wenig suchte und meinte in allen Dingen, als ob es nicht wäre; und sollte auch also wenig von sich selber halten, als ob er nicht wäre, und als ob ein anderer alle seine Werke getan hätte.» (15. Kapitel.) Auch bei dem Verfasser dieser Sätze muß man damit rechnen, daß der Vorstellungsgehalt, dem er durch seine höheren Ideen und Empfindungen eine Richtung gibt, derjenige eines gläubigen Priesters im Sinne seiner Zeit ist. Hier handelt es sich nicht um den Vorstellungsinhalt, sondern um die Richtung, nicht um die Gedanken, sondern um die Geistesart. Wer nicht wie er in christlichen Dogmen, sondern in Vorstellungen der Naturwissenschaft lebt, prägt andere Gedanken seinen Sätzen ein; aber er weist mit diesen anderen Gedanken nach derselben Richtung hin. Und diese Richtung ist die, welche zur Überwindung der Selbstheit durch diese Selbstheit selber führt. Dem Menschen leuchtet in seinem Ich das höchste Licht. Aber dieses Licht gibt seiner Vorstellungswelt nur den rechten Widerschein, wenn er gewahr wird, daß es nicht sein Selbstlicht ist, sondern das allgemeine Weltlicht. Es gibt daher keine wichtigere Erkenntnis als die Selbsterkenntnis; und es gibt zugleich keine, die so vollkommen über sich selbst hinausführt. Wenn das «Ich» sich recht erkennt, so ist es schon kein «Ich» mehr. In seiner Sprache drückt das der Verfasser der in Rede stehenden Schrift so aus: «Denn Gottes Eigenschaft ist ohne dies und ohne das und ohne Selbstheit und Ichheit; aber der Kreatur Natur und Eigen ist, daß sie sich selber und das Ihre, und das dies und das sucht und will; und in all dem, was sie tut oder läßt, will sie ihren Frommen und Nutzen empfangen. Wo nun die Kreatur oder der Mensch sein Eigen und seine Selbstheit und sich selbst verliert, und von sich selbst ausgeht, da geht Gott ein mit seinem Eigen, das ist mit seiner Selbstheit.» (24. Kapitel.) Der Mensch steigt von einer Anschauung über sein «Ich», die ihm dieses als sein *Wesen* erscheinen läßt, zu einer solchen empor, die es ihm als bloßes Organ zeigt, in dem das Allwesen auf sich wirkt. Innerhalb des Vorstellungskreises unserer Schrift heißt das: «Kann der Mensch dazu gelangen, daß er Gottes ebenso zugehörig ist, wie die Hand des Menschen diesem zugehörig ist, dann lasse er sich genügen und suche nicht weiter.» (54. Kapitel.) Das soll nicht heißen, der Mensch soll in einem gewissen Punkte seiner Entwicklung stehen bleiben, sondern er soll, wenn er so weit ist, wie in obigen Worten angedeutet ist, nicht weiter Untersuchungen über die Bedeutung der Hand anstellen, sondern vielmehr die Hand gebrauchen, auf daß sie dem Körper, dem sie gehört, Dienste leiste.

Heinrich Suso und *Johannes Ruysbroek* hatten eine Geistesart, die man als Genialität des Gemüts bezeichnen darf. Ihr Gefühl wird von etwas Instinktartigem dahin gezogen, wohin Eckharts und Taulers Gefühle durch höheres Vorstellungsleben geführt worden sind. Inbrünstig wendet sich Susos Herz nach einem Urwesen, das den einzelnen Menschen ebenso umfaßt wie die ganze übrige Welt, und in dem er, sich selbst vergessend, aufgehen will wie ein Wassertropfen in dem großen Ozean. Er redet von diesem seinem Sehnen nach dem Allwesen nicht wie von etwas, das er mit Gedanken umspannen will; er redet davon wie von einem Naturtrieb, der seine Seele trunken macht nach Vernichtung ihres Sonderdaseins und nach dem Wiederaufleben in der Allwirksamkeit des unendlichen Wesens. «Zu dem Wesen kehre deine Augen in seiner lauteren bloßen Einfältigkeit, daß du fallen lassest dies und das teilhaftige Wesen. Nimm allein Wesen an sich selbst, das unvermischt sei mit Nichtwesen; denn alles Nichtwesen leugnet alles Wesen; ebenso tut das Wesen an sich selbst, das leugnet alles Nichtwesen. Ein Ding, das noch werden soll, oder gewesen ist, das ist jetzt nicht in wesentlicher Gegenwärtigkeit. Nun kann man vermischtes Wesen oder Nichtwesen nicht erkennen, denn mit einem Gemerk des alligen Wesens. Denn so man ein Ding will verstehen, so begegnet der Vernunft zuerst Wesen, und das ist ein alle Dinge wirkendes Wesen. Es ist nicht ein zerteiltes Wesen dieser oder

der Kreatur; denn das geteilte Wesen ist alles vermischt mit etwas Anderheit einer Möglichkeit, etwas zu empfangen. Darum, so muß das namenlose göttliche Wesen in sich selbst ein alliges Wesen sein, das alle zerteilte Wesen erhält mit seiner Gegenwärtigkeit.» So spricht Suso in der Selbstbiographie, die er im Verein mit seiner Schülerin Elsbet Stäglin niedergeschrieben hat. Auch er ist ein frommer Priester und lebt ganz in dem christlichen Vorstellungskreis. Er lebt so darin, als ob es ganz undenkbar wäre, daß man mit seiner Geistes*richtung* in einer anderen Geistes*welt* leben könnte. Aber auch von ihm gilt, daß man doch mit seiner Geistesrichtung einen anderen Vorstellungsinhalt verbinden kann. Es spricht dafür deutlich, wie für ihn der Inhalt der christlichen Lehre zum inneren Erlebnis, sein Verhältnis zu Christus zu einem solchen zwischen seinem Geiste und der ewigen Wahrheit in rein ideellgeistiger Weise wird. Er hat ein «Büchlein von der ewigen Weisheit» verfaßt. In diesem läßt er die «ewige Weisheit» zu ihrem «Diener», also wohl zu ihm selbst, sprechen: «Erkennest du mich nicht? Wie bist du sogar niedergesunken, oder ist dir von Herzenleid die Besinnung geschwunden, mein zartes Kind? Ich bin es doch, die barmherzige Weisheit, die da den Abgrund der grundlosen Barmherzigkeit, welcher allen Heiligen dennoch verborgen ist, weit aufgeschlossen hat, dich und alle reuige Herzen gütlich zu empfangen; ich bin es, die süße, ewige Weisheit, die da arm und elend ward, daß ich dich zu deiner Würde wiederbrächte; ich bin es, die den bittern Tod erlitt, daß ich dich wieder lebendig machte! Ich stehe hier bleich und blutig und minniglich, als ich stand an dem hohen Galgen des Kreuzes, zwischen dem strengen Gerichte meines Vaters und dir. Ich bin es, dein Bruder; lug, ich bin es, dein Gemahl! Ich habe also gar vergessen alles, das du je wider mich tatest, als ob es nie geschehen wäre, so du dich nun gänzlich zu mir kehrest und dich nicht mehr von mir scheidest.» Alles Körperlich-Zeitliche in der christlichen Weltvorstellung ist für Suso, wie man sieht, zu einem geistig-idealischen Prozeß im Innern seiner Seele geworden. – Aus einigen Kapiteln der erwähnten Lebensbeschreibung Susos könnte es scheinen, als ob er nicht durch die bloße Betätigung der eigenen Geisteskraft, sondern durch äußerliche Offenbarungen, durch geisthafte Visionen sich hätte leiten lassen. Doch spricht er auch seine Meinung darüber ganz klar aus. Zur Wahrheit gelangt man nur durch Vernünftigkeit, nicht durch irgend welche Offenbarung. «Den Unterschied zwischen lauterer Wahrheit und zweifeligen Visionen in bekennender Materie ... will ich dir auch sagen. Ein mittelloses Schauen der bloßen Gottheit, das ist rechte lautere Wahrheit, ohne allen Zweifel; und eine jede Vision, je vernünftiger und bildloser sie ist, und derselben bloßen Schauung je gleicher, um so edler ist sie.» – Auch der Meister Eckhart läßt darüber keinen Zweifel, daß er die Anschauung ablehnt, die in körperlich-räumlichen Gebilden, in Erscheinungen, die man wie sinnliche wahrnehmen kann, das Geistige schauen will. Geister von der Art Susos und Eckharts sind somit Gegner einer Auffassung, wie sie sich in dem im 19. Jahrhundert zur Entwicklung gekommenen Spiritismus zum Ausdruck bringt.

Johannes Ruysbroek, der belgische Mystiker, ging die gleichen Wege wie Suso. Sein geistiger Weg fand einen lebhaften Angreifer in *Johannes Gerson* (geb. 1363), der eine Zeitlang Kanzler der Pariser Universität war und eine bedeutsame Rolle beim Konstanzer Konzil spielte. Es wirft einiges Licht auf das Wesen derjenigen Mystik, die in Tauler, Suso und Ruysbroek ihre Pfleger fand, wenn man sie vergleicht mit den mystischen Bestrebungen Gersons, der in *Richard v. St. Viktor*, *Bonaventura* u. a. Vorgänger hatte. – Ruysbroek selbst kämpfte gegen diejenigen, die er zu den ketzerischen Mystikern zählte. Als solche galten ihm alle die, welche durch ein leichtfertiges Verstandesurteil alle Dinge für den Ausfluß *eines* Urwesens halten, die also in der Welt nur eine Mannigfaltigkeit sehen und in Gott die Einheit dieser Mannigfaltigkeit. Zu ihnen rechnete sich Ruysbroek nicht, denn er wußte, daß man nicht durch Betrachtung der Dinge selbst zum Urwesen kommen könne, sondern nur dadurch, daß man sich von dieser niederen zu einer höheren Betrachtungsweise erhebe. Ebenso wandte er sich gegen diejenigen, welche in dem einzelnen Menschen, in seinem Sonderdasein (in seiner Kreatürlichkeit), ohne weiteres auch seine höhere Natur sehen wollten. Nicht wenig beklagte er auch den Irrtum, der alle Unterschiede in der Sinnenwelt verwischt, und leichten Sinnes sagt, nur dem Scheine nach seien die Dinge verschieden, dem Wesen nach seien sie alle gleich. Das wäre für eine Denkweise, wie diejenige Ruysbroeks ist, gerade so, als wenn man sagte: Daß die Bäume einer Allee für unser Sehen in der Entfernung zusammenlaufen, ginge uns nichts an. Sie seien in Wirklichkeit überall gleich weit entfernt, deshalb müßten unsere Augen sich gewöhnen, richtig zu sehen. Aber unsere Augen sehen richtig. Daß die Bäume zusammenlaufen, beruht auf einem notwendigen Naturgesetz; und wir haben nichts gegen unser Sehen einzuwenden, sondern im *Geiste* zu erkennen, warum wir *so* sehen. Auch der Mystiker wendet sich nicht ab von den sinnlichen Dingen. Als sinnliche nimmt er sie hin, wie sie sind. Und ihm ist auch klar, daß sie durch kein Verstandesurteil anders werden können. Aber er geht im Geiste über Sinne und Verstand hinaus, und dann erst findet er die Einheit. Sein *Glaube* ist ein unerschütterlicher, daß er sich zum Schauen dieser Einheit entwickeln kann. Deshalb schreibt er der menschlichen Natur den göttlichen Funken zu, der in ihm zum Leuchten, zum *Selbstleuchten* gebracht werden kann. Anders Geister von der Art Gersons. Sie glauben *nicht* an dieses Selbstleuchten. Für sie bleibt das, was der Mensch schauen kann, immer ein Äußeres, das von irgendeiner Seite auch äußerlich an sie heran kommen muß. Ruysbroek glaubte, daß die höchste Weisheit dem mystischen Schauen aufleuchten müsse; Gerson glaubte nur, daß die Seele einen äußeren Lehrgehalt (den der Kirche) beleuchten könne. Für Gerson war Mystik nichts anderes, als ein warmes Gefühl haben für alles, was in diesem Lehrgehalt geoffenbart ist. Für Ruysbroek war sie ein Glaube, daß aller Lehrgehalt in der Seele auch geboren wird. Deshalb tadelt Gerson an Ruysbroek, daß dieser sich einbilde, er besitze nicht bloß das Vermögen mit Klarheit das Allwesen zu schauen, sondern in diesem Schauen drücke sich selbst eine Tätigkeit des Allwesens aus. Ruysbroek konnte von Gerson eben nicht verstanden werden. Beide sprachen von zwei ganz verschiedenen Dingen. Ruysbroek hat das Seelenleben im Auge, das sich in seinen Gott einlebt; Gerson nur ein Seelenleben, das den Gott lieben will, den es in sich selbst nimmer zu leben vermag. Wie so viele, kämpfte auch Gerson gegen etwas, das ihm nur fremd war, weil er es in der Erfahrung nicht fassen konnte *.

* Siehe Nachtrag II.

Ein herrlich leuchtendes Gestirn am Himmel mittelalterlichen Geisteslebens ist *Nicolaus Chrypffs aus Kues* (bei Trier 1401–1464). Er steht auf der Höhe des Wissens seiner Zeit. In der Mathematik hat er Hervorragendes geleistet. In der Naturwissenschaft darf er als Vorläufer des Kopernikus bezeichnet werden, denn er stellte sich auf den Standpunkt, daß die Erde ein bewegter Himmelskörper ist gleich anderen. Er hat schon gebrochen mit einer Anschauung, auf die sich noch hundert Jahre später der große Astronom Tycho de Brahe stützte, als er der Lehre des Kopernikus den Satz entgegenschleuderte: «Die Erde ist eine grobe, schwere und zur Bewegung ungeschickte Masse; wie kann nun Kopernikus einen Stern daraus machen und ihn in den Lüften herumführen?» Nicolaus von Kues, der das Wissen seiner Zeit nicht nur umfaßte, sondern auch weiterführte, hatte auch in hohem Grade das Vermögen, dieses Wissen zum inneren Leben zu erwecken, so daß es nicht nur über die äußere Welt aufklärt, sondern auch dem Menschen dasjenige geistige Leben vermittelt, nach dem er sich, aus den tiefsten Gründen seiner Seele heraus, sehnen muß. Vergleicht man Nicolaus mit Geistern wie Eckhart oder Tauler, so erhält man ein bedeutsames Ergebnis. Nicolaus ist der wissenschaftliche Denker, der sich aus der Forschung über die Dinge der Welt auf die Stufe einer höheren Anschauung heben will; Eckhart und Tauler sind die gläubigen Bekenner, die aus dem Glaubensinhalt heraus das höhere Leben suchen. Zuletzt kommt Nicolaus zu demselben inneren Leben wie der Meister Eckhart; aber das des ersteren hat ein reiches Wissen zum Inhalt. Die volle Bedeutung des Unterschiedes wird klar, wenn man bedenkt, daß für denjenigen, der sich in den verschiedenen Wissenschaften umtut, die Gefahr nahe liegt, die Tragweite der Erkenntnisart zu verkennen, die über die einzelnen Wissensgebiete aufklärt. Ein solcher kann leicht zu dem Glauben verführt werden, daß es nur eine einzige Art der Erkenntnis gebe. Er wird dann diese Erkenntnis, die in Dingen der einzelnen Wissenschaften zum Ziele führt, entweder unter- oder überschätzen. In dem einen Falle wird er auch an die Gegenstände des höchsten Geisteslebens so herantreten, wie an eine physikalische Aufgabe, und sie mit Begriffen behandeln, mit denen er die Schwerkraft oder Elektrizität behandelt. Die Welt wird ihm, je nachdem er sich mehr oder weniger aufgeklärt glaubt, eine blind wirkende Maschine, oder ein Organismus, oder der zweckmäßige Bau eines persönlichen Gottes; vielleicht auch ein Gebilde, das von irgendeiner mehr oder weniger klar vorgestellten «Weltseele» regiert und durchdrungen ist. In dem anderen Falle merkt er, daß die Erkenntnis, von der er allein eine Erfahrung hat, nur für die Dinge der Sinnenwelt taugt; dann wird er ein Zweifler, der sich sagt: Wir können über die Dinge nichts wissen, die über die Sinneswelt hinausliegen. Unser Wissen hat eine Grenze. Wir können uns für die Bedürfnisse des höheren Lebens nur einem vom Wissen unberührten Glauben in die Arme werfen. Für einen gelehrten Theologen wie Nicolaus von Kues, der zugleich Naturforscher war, lag die zweite Gefahr besonders nahe. Er ging ja, seiner gelehrten Erziehung nach, aus der Scholastik hervor, der Vorstellungsart, welche innerhalb des wissenschaftlichen Lebens in der Kirche des Mittelalters die herrschende war, und die durch Thomas von Aquino (1225 bis 1274), dem «Fürsten der Scholastiker», zu ihrer höchsten Blüte gebracht worden war. Diese Vorstellungsart muß man zum Hintergrunde machen, wenn man die Persönlichkeit des Nicolaus von Kues malen will.

Die Scholastik ist im höchsten Maße ein Ergebnis des menschlichen Scharfsinnes. Die logische Fähigkeit feierte in ihr die höchsten Triumphe. Wer darnach strebt, Begriffe in den schärfsten, reinlichsten Konturen auszuarbeiten, der sollte zu den Scholastikern in die Lehre gehen. Sie bieten die hohe Schule für die Technik des Denkens. Sie haben eine unvergleichliche Gewandtheit, sich im Felde des reinen Gedankens zu bewegen. Was sie auf diesem Felde zu leisten imstande waren, das wird leicht unterschätzt. Denn für die meisten Gebiete des Wissens ist es den Menschen nur schwer zugänglich. Die meisten erheben sich zu ihm nur deutlich auf dem Gebiete der Zähl- und Rechenkunst, und beim Nachdenken über den Zusammenhang geometrischer Gebilde. Wir können zählen, indem wir im Gedanken eine Einheit zu einer Zahl fügen, ohne daß wir uns sinnliche Vorstellungen zu Hilfe rufen. Wir rechnen auch, ohne solche Vorstellungen, nur im reinen Elemente des Denkens. Für die geometrischen Gebilde wissen wir, daß sie sich mit keiner sinnlichen Vorstellung vollkommen decken. Es gibt in der Wirklichkeit der Sinne keinen (ideellen) Kreis. Dennoch beschäftigt sich unser Denken mit diesem. Für die Dinge und Vorgänge, welche komplizierter sind als Zahlen- und Raumgebilde, ist es schwieriger, die ideellen Gegenstücke zu finden. Das hat dazu geführt, daß von manchen Seiten behauptet wird, in den einzelnen Erkenntnisgebieten sei nur so viel wirkliche Wissenschaft, als sich darin messen und zählen läßt. So ausgesprochen ist das unrichtig, wie ein Einseitiges unrichtig ist; aber es besticht viele, wie das eben oft nur Einseitigkeiten gelingt. Die Wahrheit darüber ist, daß die meisten Menschen nicht imstande sind, auch da noch das rein Gedankliche zu ergreifen, wo es sich nicht mehr um Meß- oder Zählbares handelt. Wer das aber nicht vermag für höhere Lebens- und Wissensgebiete, der gleicht in dieser Beziehung einem Kinde, das noch nicht gelernt hat, anders zu zählen, als indem es Erbse zu Erbse fügt. Der Denker, der gesagt hat, es sei so viel wirkliche Wissenschaft in einem Wissensgebiete, als darin Mathematik ist, hat die volle Wahrheit der Sache nicht überschaut. Man muß verlangen: es sollte alles andere, was sich nicht messen und zählen läßt, gerade so ideell behandelt werden, wie die Zahl- und Raumgebilde. Und diesem Verlangen trugen die Scholastiker in vollkommenster Weise Rechnung. Sie suchten überall den Gedankeninhalt der Dinge, wie ihn der Mathematiker auf dem Gebiete des Meß- und Zählbaren sucht.

Trotz dieser vollendeten logischen Kunst brachten es die Scholastiker nur zu einem einseitigen und untergeordneten Begriff vom Erkennen. Dieser ist der, daß der Mensch beim Erkennen in sich ein Bild von dem erzeugt, was er erkennen soll. Es ist ohne weiteres einleuchtend, daß man bei einem solchen Begriffe vom Erkennen alle Wirklichkeit außer das Erkennen versetzen muß. Denn im Erkennen kann man dann kein Ding selbst, sondern *nur ein Bild* dieses Dinges ergreifen. Auch nicht sich selbst kann der Mensch in seiner Selbsterkenntnis ergreifen, sondern auch, was er von sich erkennt, ist nur ein Bild seines Selbst. Ganz aus dem Geiste der Scholastik heraus sagt ein genauer Kenner derselben (K. Werner in seinem Buche «Franz Suarez und die Scholastik der letzten Jahrhunderte», 2. Bd., S. 122): «Der Mensch hat in der Zeit keine Anschauung von seinem Ich, dem verborgenen Grunde seines geistigen Wesens und Lebens; ... Er wird ... nie dazu kommen, sich selber anzuschauen; denn entweder wird er, auf immer Gott entfremdet, in sich nur einen bodenlosen finsteren Abgrund, eine endlose Leere finden, oder er wird, in Gott beseliget, den Blick nach innen wendend, eben nur Gott finden, dessen Gnadensonne in ihm leuchtet, dessen *Bild* in den geistigen Zügen seines Wesens sich abgestaltet.» Wer so über alles Erkennen denkt, der hat nur einen Begriff von *dem* Erkennen, das auf äußere Dinge anwendbar ist. Das Sinnliche an einem Ding bleibt uns immer äußerlich. Deshalb können wir von dem, was an der Welt sinnlich ist, nur Bilder in unsere Erkenntnis aufnehmen. Wenn wir eine Farbe oder einen Stein wahrnehmen, können wir nicht, um das Wesen der Farbe oder des Steines zu erkennen, selbst zur Farbe oder zum Stein werden. Ebensowenig können die Farbe oder der Stein sich in einen Teil unseres eigenen Wesens verwandeln! Es fragt sich aber, ob der Begriff einer solchen auf das Äußere an den Dingen gerichteten Erkenntnis ein erschöpfender ist? – Für die Scholastik fällt allerdings *im wesentlichen* alles menschliche Erkennen mit *diesem* Erkennen zusammen. Ein anderer vorzüglicher Kenner der Scholastik (Otto Willmann, in seiner «Geschichte des Idealismus», 2. Bd., 2. Aufl., S. 396) charakterisiert den für diese Denkrichtung in Betracht kommenden Erkenntnisbegriff in der folgenden Weise: «Unser Geist, im Erdenleben dem Körper gesellt, ist in erster Linie eingestellt auf die umgebende Körperwelt, aber hingeordnet auf das Geistige in dieser: die Wesenheiten, Naturen, Formen der Dinge, welche Daseinselemente ihm verwandt sind und ihm die Sprossen zum Aufsteigen zum Übersinnlichen darbieten; das Feld unserer Erkenntnis ist also das Gebiet der Erfahrung, aber wir sollen, was sie bietet, verstehen lernen, bis zu seinem Sinne und Gedanken vordringen und uns damit die Gedankenwelt erschließen.» Zu einem anderen Begriffe vom Erkennen konnte der Scholastiker nicht gelangen. Daran hinderte ihn der dogmatische Lehrgehalt seiner Theologie. Hätte er den Blick seines geistigen Auges auf das geheftet, was er als bloßes Bild ansieht, dann hätte er gesehen, daß in diesem vermeintlichen Bilde sich der geistige Inhalt der Dinge selbst offenbart; dann hätte er gefunden, daß in seinem Innern sich der Gott nicht bloß *abbildet*, sondern daß er darin *lebt*, wesenhaft gegenwärtig ist. Er hätte bei dem Hineinblicken in sein Inneres nicht einen finstern Abgrund, eine endlose Leere erblickt, aber auch nicht bloß ein Bild Gottes; sondern er hätte gefühlt, daß ein Leben in ihm pulsiert, welches das göttliche Leben selbst ist; und daß sein eigenes Leben eben Gottes Leben ist. Das durfte der Scholastiker nicht zugeben. Der Gott durfte, seiner Meinung nach, nicht in ihn einziehen und aus ihm sprechen; er durfte nur als Bild in ihm sein. In Wirklichkeit mußte die Gottheit außer dem Selbst vorausgesetzt werden. Sie konnte sich also auch nicht im Innern durch das geistige Leben, sondern sie mußte sich von außen, durch übernatürliche Mitteilungen *offenbaren*. Was dabei angestrebt wird, ist dadurch gerade am allerwenigsten erreicht. Es soll von der Gottheit ein möglichst hoher Begriff erreicht werden. In Wirklichkeit wird die Gottheit erniedrigt zu einem Ding unter anderen Dingen; nur daß sich dem Menschen diese anderen Dinge auf natürlichem Wege offenbaren, durch Erfahrung; während die Gottheit sich ihm übernatürlich offenbaren soll. Es wird aber ein Unterschied zwischen der Erkenntnis des Göttlichen und des Geschöpflichen dadurch erreicht, daß beim Geschöpflichen das äußere Ding in der Erfahrung gegeben ist, daß man von ihm ein *Wissen* hat. Bei dem Göttlichen ist der Gegenstand nicht in der Erfahrung gegeben; man kann ihn nur im *Glauben* erreichen. Die höchsten Dinge sind also für den Scholastiker keine Gegenstände des Wissens, sondern lediglich des Glaubens. Es ist das Verhältnis des Wissens zum Glauben allerdings, nach scholastischer Auffassung, nicht so vorzustellen, daß in einem gewissen Gebiete *nur* das Wissen, in einem andern *nur* der Glaube herrschte. Denn die «Erkenntnis des Seienden ist uns möglich, weil es selbst aus einem schöpferischen Erkennen stammt; die Dinge sind *für* den Geist, weil sie *aus* dem Geiste sind; sie haben uns etwas zu sagen, weil sie einen Sinn haben, den eine höhere Intelligenz in sie gelegt hat». (O. Willmann, «Geschichte des Idealismus», 2. Bd., S. 383.) Weil Gott die Welt nach Gedanken geschaffen hat, können wir, wenn wir die Gedanken der Welt erfassen, auch die Spuren des Göttlichen in der Welt durch wissenschaftliches Nachdenken erfassen. Was Gott, seinem Wesen nach, ist, können wir aber nur durch die Offenbarung erfassen, die er uns auf übernatürliche Weise gegeben hat, und an die wir glauben müssen. Was wir von den höchsten Dingen zu halten haben, darüber entscheidet keine menschliche Wissenschaft, sondern der Glaube; und «zum Glauben gehört alles, was in den Schriften des neuen und alten Bundes und in den göttlichen Überlieferungen enthalten ist». (Joseph Kleutgen, «Die Theologie der Vorzeit», 1. Bd., S. 39.) – Es kann hier nicht eine Aufgabe sein, das Verhältnis des Glaubensinhalts zum Wissensinhalt ausführlich darzustellen und zu begründen. In Wahrheit stammt aller Glaubensinhalt aus einer irgend einmal gemachten inneren menschlichen Erfahrung. Er wird dann, seinem äußerlichen Gehalte nach, aufbewahrt, ohne das Bewußtsein, wie er erworben ist. Es wird von ihm behauptet, er sei durch übernatürliche Offenbarung in die Welt gekommen. Der christliche Glaubensinhalt wurde von den Scholastikern als Überlieferung einfach hingenommen. Die Wissenschaft, das innere Erleben durfte sich über ihn keine Rechte anmaßen. So wenig die Wissenschaft einen Baum schaffen kann, so wenig durfte die Scholastik einen Gottesbegriff schaffen; sie mußte den geoffenbarten als fertig hinnehmen, wie die Naturwissenschaft den Baum als fertig hinnimmt. Daß das Geistige selbst im Innern aufleuchtet und lebt, durfte der Scholastiker nimmermehr zugeben. Er begrenzte daher die Rechtskraft der Wissenschaft da, wo das Gebiet der äußeren Erfahrung aufhört. Die menschliche Erkenntnis durfte keinen Begriff der höheren Wesenheiten aus sich heraus erzeugen. Sie wollte einen geoffenbarten hinnehmen. Daß sie damit doch nur einen in Wahrheit auf einer früheren Stufe des menschlichen Geisteslebens erzeugten annahm und ihn als geoffenbart erklärte, das konnten die Scholastiker nicht zugeben. – Es waren daher aus der Scholastik im Laufe ihrer Entwicklung alle Ideen geschwunden, welche noch auf die Art und Weise hindeuteten, wie der Mensch auf natürlichem Wege die Begriffe des Göttlichen erzeugt hat. In den ersten Jahrhunderten der Entwicklung des Christentums, zur Zeit der Kirchenväter, sehen wir den Lehrinhalt der Theologie Stück für Stück durch Aufnahme innerer Erlebnisse entstehen.

Bei *Johannes Scotus Erigena*, der im neunten Jahrhunderte auf der Höhe der christlichen theologischen Bildung stand, finden wir diesen Lehrinhalt noch ganz wie ein inneres Erlebnis behandelt. Bei den Scholastikern der folgenden Jahrhunderte verliert sich vollkommen dieser Charakter eines inneren Erlebnisses; der alte Lehrgehalt wird zum Inhalte einer äußeren, übernatürlichen Offenbarung umgedeutet. – Man kann deshalb die Tätigkeit der mystischen Theologen Eckhart, Tauler, Suso und ihrer Genossen auch so auffassen, daß man sagt: sie wurden durch den Lehrgehalt der Kirche, der in der Theologie enthalten, aber umgedeutet war, angeregt, einen ähnlichen Gehalt als inneres Erlebnis aus sich selbst wieder aufs neue zu gebären.

*

Nicolaus von Kues begibt sich auf den Weg, von dem Wissen, das man in den einzelnen Wissenschaften erwirbt, selbst zu den inneren Erlebnissen aufzusteigen. Es ist kein Zweifel, daß die vorzügliche logische Technik, welche die Scholastiker ausgebildet haben, und für die Nicolaus erzogen war, ein treffliches Mittel bietet, zu inneren Erlebnissen zu kommen, wenn die Scholastiker selbst auch durch den positiven Glauben von diesem Wege zurückgehalten wurden. Vollkommen verstehen wird man Nicolaus aber nur, wenn man bedenkt, daß sein Beruf als Priester, der ihn bis zur Kardinalswürde emporhob, ihn zu einem völligen Bruch mit dem Kirchenglauben, der in der scholastischen Theologie seinen zeitgemäßen Ausdruck fand, nicht kommen ließ. Wir finden ihn auf einem Wege so weit, daß ihn jeder Schritt weiter auch aus der Kirche hätte hinausführen müssen. Wir verstehen den Kardinal deshalb am besten, wenn wir den Schritt, den er nicht mehr gemacht hat, auch noch vollziehen; und dann, rückwärts, das beleuchten, was er gewollt hat.

Der bedeutsamste Begriff des Geisteslebens Nicolaus' ist derjenige der «gelehrten Unwissenheit». Er versteht darunter ein Erkennen, das gegenüber dem gewöhnlichen Wissen eine höhere Stufe darstellt. Wissen im untergeordneten Sinne ist Erfassen eines Gegenstandes durch den Geist. Das wichtigste Kennzeichen des Wissens ist, daß es Aufklärung gibt über etwas außer dem Geiste, daß es also auf etwas blickt, was es nicht selbst ist. Der Geist beschäftigt sich also im Wissen mit außerhalb seiner gedachten Dingen. Nun ist aber dasjenige, was der Geist in sich über die Dinge ausbildet, das *Wesen* der Dinge. Die Dinge sind Geist. Der Mensch sieht zunächst den Geist nur durch die sinnliche Hülle. Was außerhalb des Geistes bleibt, ist nur diese sinnliche Hülle; das Wesen der Dinge geht in den Geist ein. Blickt dann der Geist auf dieses Wesen, das Stoff von seinem Stoffe ist, dann kann er gar nicht mehr von Wissen reden, denn er blickt nicht auf ein Ding, das außerhalb seiner ist; er blickt auf ein Ding, das ein Teil von ihm ist; er blickt auf sich selbst. Er weiß nicht mehr; er schaut nur auf sich. Er hat es nicht mit einem «Wissen», sondern mit einem «*Nicht-Wissen*» zu tun. Er *begreift* nicht mehr etwas durch den Geist; er «schaut, ohne Begreifen» sein eigenes Leben an. Diese höchste Stufe des Erkennens ist im Verhältnis zu den niedrigen Stufen «Nicht-Wissen». – Es ist aber einleuchtend, daß das *Wesen* der Dinge nur durch diese Stufe der Erkenntnis vermittelt werden kann. Nicolaus von Kues spricht also mit seinem «gelehrten Nichtwissen» von nichts anderem als von dem als inneres

Erlebnis wiedergeborenen Wissen. Er erzählt selbst, wie er zu diesem inneren Erlebnis gekommen ist. «Ich machte viele Versuche, die Gedanken über Gott und Welt, Christus und Kirche in einer Grundidee zu vereinigen, aber keiner von allen befriedigte mich, bis sich endlich bei der Rückkehr aus Griechenland zur See wie durch eine Erleuchtung von oben der Blick meines Geistes zu der Anschauung erhob, in welcher mir Gott als die höchste Einheit aller Gegensätze erschien.» Mehr oder weniger sind an dieser Erleuchtung die Einflüsse beteiligt, die von dem Studium seiner Vorgänger herrührten. Man erkennt in seiner Vorstellungsart eine eigenartige Erneuerung der Anschauungen, die uns in den Schriften eines gewissen Dionysius begegnen. Der schon genannte Scotus Erigena hat diese Schriften ins Lateinische übersetzt. Er nennt den Verfasser «den großen und göttlichen Offenbarer». Die in Rede stehenden Schriften werden zuerst in der ersten Hälfte des sechsten Jahrhunderts erwähnt. Man schrieb sie dem in der Apostelgeschichte erwähnten Areopagiten Dionysius zu, der von Paulus zum Christentum bekehrt worden ist. Wann diese Schriften wirklich abgefaßt worden sind, möge hier dahingestellt bleiben. Ihr Inhalt wirkte stark auf Nicolaus, wie er schon auf Johannes Scotus Erigena gewirkt hatte, und wie er auch vielfach anregend für die Denkart Eckharts und seiner Genossen gewesen sein muß. Das «gelehrte Nichtwissen» ist in einer gewissen Art in diesen Schriften vorgebildet. Es sei hier nur der Grundzug in der Vorstellungsart dieser Schriften aufgezeichnet. Der Mensch erkennt zunächst die Dinge der Sinneswelt. Er macht sich Gedanken über ihr Sein und Wirken. Der Urgrund aller Dinge muß höher liegen als diese Dinge selbst.

Der Mensch kann daher diesen Urgrund nicht mit denselben Begriffen und Ideen erfassen wollen wie die Dinge. Sagt er daher von dem Urgrund (Gott) Eigenschaften aus, welche er an den niederen Dingen kennengelernt hat, so können solche Eigenschaften bloße Hilfsvorstellungen des schwachen Geistes sein, der den Urgrund zu sich herabzieht, um ihn vorstellen zu können. In Wahrheit wird daher nicht irgendeine Eigenschaft, welche niedere Dinge haben, von Gott behauptet werden dürfen. Es wird nicht einmal gesagt werden dürfen, daß Gott *ist*. Denn auch das «Sein» ist eine Vorstellung, die sich der Mensch an den niederen Dingen gebildet hat. Gott aber ist erhaben über «Sein» und «Nicht-Sein». Der Gott, dem wir Eigenschaften beilegen, ist also nicht der wahre. Wir kommen zu dem wahren Gotte, wenn wir über einen Gott mit solchen Eigenschaften einen «Übergott» denken. Von diesem «Übergott» können wir nichts im gewöhnlichen Sinne wissen. Um zu ihm zu gelangen, muß das «Wissen» in das «Nicht-Wissen» einmünden. – Man sieht, einer solchen Anschauung liegt das Bewußtsein zugrunde, daß der Mensch aus dem heraus, was ihm seine Wissenschaften geliefert haben, selbst – auf rein natürlichem Wege – ein höheres Erkennen entwickeln kann, das nicht mehr *bloßes Wissen* ist. Die scholastische Anschauung erklärte das Wissen ohnmächtig zu einer solchen Entwicklung und ließ an dem Punkte, wo das Wissen aufhören soll, den auf äußerliche Offenbarung sich stützenden Glauben dem Wissen zu Hilfe kommen. – Nicolaus von Kues war also auf dem Wege, *das* aus dem Wissen heraus wieder zu entwickeln, wovon die Scholastiker erklärt hatten, daß es für das Erkennen unerreichbar sei.

Vom Gesichtspunkte des Nicolaus von Kues aus kann man somit nicht davon sprechen, daß es nur *eine* Art des Erkennens gebe. Es legt sich das Erkennen vielmehr deutlich auseinander in ein solches, welches ein Wissen von äußeren Dingen vermittelt, und in ein solches, welches der Gegenstand, von dem man eine Erkenntnis erwirbt, selbst ist. Das erstere Erkennen herrscht in den Wissenschaften, die wir uns über die Dinge und Vorgänge der Sinneswelt erwerben; das zweite ist in uns, wenn wir in dem Erworbenen selbst *leben*. Die zweite Art des Erkennens entwickelt sich aus der ersten. Nun ist es aber doch dieselbe Welt, auf die sich beide Arten des Erkennens beziehen; und es ist derselbe Mensch, welcher sich in beiden betätigt. Die Frage muß entstehen, woher kommt es, daß ein und derselbe Mensch von ein und derselben Welt zweierlei Arten der Erkenntnis entwickelt? – Auf die Richtung, in welcher die Antwort auf diese Frage zu suchen ist, konnte bereits bei Tauler (vgl. S. 62) gedeutet werden. Hier bei Nicolaus von Kues läßt sich diese Antwort noch entschiedener formen. Der Mensch lebt zunächst als einzelnes (individuelles) Wesen unter anderen einzelnen Wesen. Zu den Wirkungen, welche die anderen Wesen aufeinander ausüben, kommt bei ihm noch das (niedere) Erkennen. Er erhält durch seine Sinne Eindrücke von den anderen Wesen und verarbeitet diese Eindrücke mit seinen geistigen Kräften. Er lenkt den geistigen Blick von den äußeren Dingen ab und sieht sich selbst, seine eigene Tätigkeit an. Daraus geht ihm die Selbsterkenntnis hervor. Solange er auf dieser Stufe der Selbsterkenntnis bleibt, schaut er sich noch nicht, im wahren Sinn des Wortes, selbst an. Er kann noch immer glauben, in ihm sei irgendeine verborgene Wesenheit tätig, deren Äußerungen, Wirkungen das nur seien, was ihm als *seine* Tätigkeit erscheint. Nun kann aber der Punkt kommen, wo dem Menschen durch eine unwiderlegliche innere Erfahrung klar wird, daß er in dem, was er in seinem Inneren wahrnimmt, erlebt, nicht die Äußerung, die Wirkung einer verborgenen Kraft oder Wesenheit, sondern diese Wesenheit selbst in ihrer ureigensten Gestalt hat. Er darf sich dann sagen, alle anderen Dinge finde ich in einer gewissen Weise fertig vor; und ich, der ich außer ihnen stehe, füge zu ihnen hinzu, was der Geist über sie zu sagen hat. Was ich so aber selbst zu den Dingen in mir hinzu schaffe, darin lebe ich selbst, das bin ich; das ist mein eigenes Wesen. Was aber spricht da auf dem Grunde meines Geistes? Es spricht das Wissen, das ich mir über die Dinge der Welt erworben habe. Aber in diesem Wissen spricht nicht mehr irgendeine Wirkung, eine Äußerung; es spricht etwas, was nichts zurückbehält von dem, was es in sich hat. Es spricht in *diesem* Wissen die Welt in aller ihrer Unmittelbarkeit. Dieses Wissen habe ich aber von den Dingen und von mir selbst, als einem Dinge unter Dingen, erworben. Aus meinem eigenen Wesen spreche ich selbst, und es sprechen die Dinge. Ich spreche also, in Wahrheit, gar nicht mehr bloß mein Wesen aus; ich spreche das Wesen der Dinge aus. Mein «Ich» ist die Form, das Organ, in dem sich die Dinge über sich selbst aussprechen. Ich habe die Erfahrung gewonnen, daß ich in mir meine eigene Wesenheit erlebe; und diese Erfahrung erweitert sich mir zu der anderen, daß sich in mir und durch mich die All-Wesenheit selbst ausspricht, oder, mit anderen Worten, erkennt. Ich kann mich nun nicht mehr als ein Ding unter Dingen fühlen; ich kann mich nur mehr als eine Form fühlen, in der das All-Wesen sich auslebt. – Es ist daher nur natürlich, daß ein und derselbe Mensch zwei Arten von Erkenntnis hat. Er ist, den sinnlichen Tatsachen nach, ein Ding unter Dingen, und, insofern er ein solches ist, erwirbt er sich ein Wissen von diesen Dingen; er kann aber in jedem Augenblicke die höhere Erfahrung machen, daß er die Form ist, in der sich das All-Wesen anschaut. Dann verwandelt er sich selbst, von einem Ding unter Dingen, zu einer Form des All-Wesens – und mit ihm verwandelt sich das Wissen von den Dingen zum Aussprechen des Wesens der Dinge. Diese Verwandlung kann aber tatsächlich nur durch den Menschen selbst vollzogen werden. Das, was in der höheren Erkenntnis vermittelt wird, ist noch nicht da, solange diese höhere Erkenntnis selbst noch nicht da ist. Erst im Schaffen dieser höheren Erkenntnis wird der Mensch wesenhaft; und erst durch des Menschen höhere Erkenntnis bringen auch die Dinge ihr Wesen zum tatsächlichen Dasein. Wenn also verlangt würde, der Mensch solle durch seine höhere Erkenntnis nichts zu den Sinnendingen hinzufügen, sondern nur aussprechen, was in diesen Dingen draußen schon liegt, so hieße das nichts anderes, als auf alle höhere Erkenntnis verzichten. – Aus der Tatsache, daß der Mensch, seinem sinnlichen Leben nach, ein Ding unter Dingen ist, und daß er zur höheren Erkenntnis nur gelangt, wenn er mit sich als Sinneswesen die Verwandlung zum höheren Wesen selbst vollzieht, folgt, daß er niemals die eine Erkenntnis durch die andere ersetzen kann. Sein geistiges Leben besteht vielmehr in einem fortwährenden Hin- und Herbewegen zwischen beiden Polen der Erkenntnis, zwischen dem *Wissen* und dem *Schauen*. Schließt er sich von dem Schauen ab, so verzichtet er auf das Wesen der Dinge;

wollte er sich von dem sinnlichen Erkennen abschließen, so entzöge er sich die Dinge, deren Wesen er erkennen will. – Es sind dieselben Dinge, die sich dem niederen Erkennen und dem höheren Schauen offenbaren; nur das eine Mal ihrer äußeren Erscheinung nach; das andere Mal ihrer inneren Wesenheit nach. – Es liegt also nicht an den Dingen, daß sie auf einer gewissen Stufe, nur als äußere Dinge erscheinen; sondern es liegt daran, daß der Mensch sich zu der Stufe erst hinauf verwandeln muß, auf der die Dinge aufhören, äußere zu sein.

Von diesen Betrachtungen aus erscheinen gewisse Anschauungen, welche die Naturwissenschaft im neunzehnten Jahrhundert ausgebildet hat, erst im rechten Lichte. Die Träger dieser Anschauungen sagen sich: Wir hören, sehen und tasten die Dinge der körperlichen Welt durch die Sinne. Das Auge z. B. vermittelt uns eine Lichterscheinung, eine Farbe. Wir sagen, ein Körper sende rotes Licht aus, wenn wir mit Hilfe unseres Auges die Empfindung «rot» haben. Aber das Auge bringt uns eine solche Empfindung auch in anderen Fällen. Wenn es gestoßen oder gedrückt wird, wenn ein elektrischer Funke durch den Kopf strömt, so hat das Auge eine Lichtempfindung. Es kann somit auch in den Fällen, in denen wir einen Körper in einer bestimmten Farbe leuchtend empfinden, in dem Körper etwas vorgehen, was gar keine Ähnlichkeit mit der Farbe hat. Was auch immer draußen im Raume vorgeht: wenn dieser Vorgang nur geeignet ist, auf das Auge einen Eindruck zu machen, so entsteht in mir eine Lichtempfindung. Was wir also empfinden, entsteht in uns, weil wir so oder so beschaffene Organe haben. Was draußen im Raume vorgeht, das bleibt außer uns; wir kennen nur die Wirkungen, welche die äußeren Vorgänge in uns hervorbringen. *Hermann Helmholtz* (1821–1894) hat diesem Gedanken einen klar umrissenen Ausdruck gegeben. «Unsere Empfindungen sind eben Wirkungen, welche durch äußere Ursachen in unseren Organen hervorgebracht werden, und wie eine solche Wirkung sich äußert, hängt natürlich ganz wesentlich von der Art des Apparats ab, auf den gewirkt wird. Insofern die Qualität unserer Empfindung uns von der Eigentümlichkeit der äußeren Einwirkung, durch welche sie erregt ist, eine Nachricht gibt, kann sie als ein *Zeichen* derselben gelten, aber nicht als ein *Abbild*. Denn vom Bilde verlangt man irgendeine Art der Gleichheit mit dem abgebildeten Gegenstande, von einer Statue Gleichheit der Form, von einer Zeichnung Gleichheit der perspektivischen Projektion im Gesichtsfelde, von einem Gemälde auch noch Gleichheit der Farben. Ein Zeichen aber braucht gar keine Art der Ähnlichkeit mit dem zu haben, dessen Zeichen es ist. Die Beziehung zwischen beiden beschränkt sich darauf, daß das gleiche Objekt, unter gleichen Umständen zur Einwirkung kommend, das gleiche Zeichen hervorruft, und daß also ungleiche Zeichen immer ungleicher Einwirkung entsprechen ... Wenn Beeren einer gewissen Art beim Reifen zugleich rotes Pigment und Zucker ausbilden, so werden in unserer Empfindung bei Beeren dieser Form rote Farbe und süßer Geschmack sich immer zusammen finden.» (Vgl. Helmholtz, «Die Tatsachen in der Wahrnehmung», S. 12 f.) Ich habe diese Vorstellungsart ausführlich charakterisiert in meiner «Philosophie der Freiheit» und in meinen «Rätseln der Philosophie». – Man gehe dem Gedankengange, den diese Anschauung zu dem ihrigen macht, nur einmal Schritt vor Schritt nach. Draußen im Raume wird ein Vorgang vorausgesetzt. Der übt eine Wirkung auf mein Sinnesorgan; mein Nervensystem leitet den gewordenen Eindruck zu meinem Gehirn. Da wird wieder ein Vorgang bewirkt. Ich empfinde nunmehr «rot». Nun wird gesagt: also ist die Empfindung des «Rot» nicht draußen; sie ist in mir. Alle unsere Empfindungen sind nur *Zeichen* von äußeren Vorgängen, über deren wirkliche Qualität wir nichts wissen. Wir leben und weben in unseren Empfindungen, und wissen nichts von deren Ursprung. Man kann im Sinne dieser Denkweise auch sagen: Hätten wir kein Auge, so wäre keine Farbe; nichts würde dann den uns unbekannten äußeren Vorgang in die Empfindung «rot» umsetzen. Dieser Gedankengang hat für viele etwas Bestrickendes. Er beruht aber doch nur auf einer völligen Verkennung der Tatsachen, über die man sich dabei Gedanken macht. (Wären viele Naturforscher und Philosophen der Gegenwart nicht bis zur Ungeheuerlichkeit durch diesen Gedankengang verblendet, so brauchte man weniger über ihn zu reden. Aber diese Verblendung hat in der Tat das Denken der Gegenwart in vieler Beziehung verdorben.) Da der Mensch ein Ding unter Dingen ist, so müssen die Dinge natürlich auf ihn einen Eindruck machen, wenn er von ihnen etwas erfahren soll. Ein Vorgang außer dem Menschen muß einen Vorgang im Menschen erregen, wenn im Blickfeld die Erscheinung «rot» auftreten soll. Es fragt sich nur, was ist draußen, was ist drinnen? Draußen ist ein in Raum und Zeit ablaufender Vorgang. Drinnen ist aber zweifellos ein ähnlicher Vorgang. Ein solcher ist im Auge und setzt sich ins Gehirn fort, wenn ich «rot» wahrnehme. Der Vorgang, der «drinnen» ist, den kann ich nicht, ohne weiteres, wahrnehmen; ebensowenig, wie ich die Wellenbewegung «draußen» unmittelbar wahrnehmen kann, welche die Physiker der Farbe «rot» entsprechend denken. Aber nur in diesem Sinne kann ich von einem «draußen» und «drinnen» sprechen. Nur auf der Stufe des *sinnlichen Erkennens* hat der Gegensatz von «draußen» und «drinnen» Geltung. Es führt mich dieses Erkennen dazu, «draußen» einen räumlich-zeitlichen Vorgang anzunehmen, wenn ich diesen auch nicht *unmittelbar* wahrnehme. Und weiter führt mich das gleiche Erkennen dazu, in mir einen solchen Vorgang anzunehmen, wenn ich auch diesen nicht unmittelbar wahrnehmen kann. Aber ich nehme ja auch im gewöhnlichen Leben räumlich-zeitliche Vorgänge an, die ich nicht unmittelbar wahrnehme. Ich höre z.B. in meinem Nebenzimmer Klavier spielen. Ich nehme deshalb an, daß ein räumliches Menschenwesen am Klavier sitzt und spielt. Und nicht anders ist mein Vorstellen, wenn ich von Vorgängen *in* mir und *außer* mir spreche. Ich setze voraus, daß diese Vorgänge analoge Eigenschaften haben, wie die Vorgänge, die in den Bereich meiner Sinne fallen, nur daß sie, wegen gewisser Ursachen, sich meiner unmittelbaren Wahrnehmung entziehen. Wollte ich diesen Vorgängen alle Eigenschaften absprechen, die mir meine Sinne im Bereich des Räumlichen und Zeitlichen zeigen, so dächte ich in Wahrheit so etwas wie das berühmte Messer ohne Griff, dem die Klinge fehlt. Ich kann also nur sagen, «draußen» spielen sich räumlich-zeitliche Vorgänge ab; sie bewirken «drinnen» räumlich-zeitliche Vorgänge. Beide sind notwendig, wenn in meinem Blickfeld «Rot» erscheinen soll. Dieses Rot, insofern es nicht räumlich-zeitlich ist, werde ich vergeblich suchen, gleichgültig, ob ich «draußen» oder «drinnen» suche. Die Naturforscher und Philosophen, die es «draußen» nicht finden können, sollten es auch nicht «drinnen» suchen wollen. Es ist in demselben Sinne nicht «drinnen», in dem es nicht «draußen» ist. Den gesamten Inhalt dessen, was uns die Sinnenwelt darbietet, für eine innere Empfindungswelt erklären, und zu ihr etwas «Äußeres» suchen, ist eine unmögliche Vorstellung. Wir dürfen also nicht davon sprechen, daß «rot», «süß», «heiß» usw. *Zeichen* seien, die als solche nur in uns erregt werden und denen «außen» etwas ganz anderes entspricht. Denn, was wirklich *in uns* als Wirkung eines äußeren Vorganges erregt wird, das ist etwas ganz anderes als was in unserem Empfindungsfeld auftritt. Will man das, was *in uns* ist, Zeichen nennen, so kann man sagen: Diese Zeichen treten innerhalb unseres Organismus auf, um uns die Wahrnehmungen zu vermitteln, die als solche, in ihrer Unmittelbarkeit, weder innerhalb noch außerhalb unser sind, sondern die vielmehr zu der gemeinschaftlichen Welt gehören, von der meine «Außenwelt» und meine «Innenwelt» nur Teile sind. Um diese gemeinschaftliche Welt erfassen zu können, muß ich mich allerdings zu der höheren Stufe des Erkennens erheben, für die es ein «Innen» und «Außen» nicht mehr gibt. (Ich weiß ganz gut, daß Leute, welche auf das Evangelium pochen, daß «unsere ganze Erfahrungswelt» sich aus Empfindungen von unbekanntem Ursprunge aufbaut, hochmütig auf diese Ausführungen herabsehen werden, wie etwa Herr Dr. Erich Adickes in seiner Schrift: «Kant contra Haeckel» von oben herab sagt: «Vorerst philosophieren Leute wie Haeckel und Tausende seines Schlages noch munter darauf los, ohne sich um Erkenntnistheorie und kritische Selbstbesinnung zu bekümmern.» Solche Herren ahnen eben gar nicht, wie billig *ihre* Erkenntnistheorien sind. Sie vermuten den Mangel an kritischer Selbstbesinnung nur – bei andern. Es sei ihnen ihre «Weisheit» gegönnt.)

Nicolaus von Kues hat gerade über den hier in Betracht kommenden Punkt treffende Gedanken. Sein klares Auseinanderhalten von niederem und höherem Erkennen läßt ihn auf der einen Seite zur vollen Einsicht in die Tatsache kommen, daß der Mensch als Sinneswesen *in sich* nur Vorgänge haben kann, welche als Wirkungen den entsprechenden *äußeren* Vorgängen unähnlich sein müssen; es bewahrt ihn aber andererseits vor der Verwechslung der inneren Vorgänge mit den Tatsachen, die in unserem Wahrnehmungsfelde auftauchen, und die, in ihrer Unmittelbarkeit, weder draußen, noch drinnen sind, sondern die über diesen Gegensatz erhaben sind. – An der rückhaltslosen Verfolgung des Weges, den ihm diese Einsicht gewiesen hat, wurde Nicolaus «durch das Priestergewand gehemmt». So sehen wir denn, wir er mit dem Vorschreiten vom «Wissen» zum «Nichtwissen» einen schönen Anfang macht. Zugleich aber auch müssen wir bemerken, daß er auf dem Felde des «Nicht-Wissens» doch nichts anderes zeigt als den theologischen Lehrgehalt, den uns auch die Scholastiker darbieten. Allerdings weiß er diesen theologischen Inhalt in geistvoller Form zu entwickeln. Über Vorsehung, Christus, Weltschöpfung, Erlösung des Menschen, über das sittliche Leben stellt er Lehren dar, die durchaus im Sinne des dogmatischen Christentums gehalten sind. Seinem geistigen Ausgange hätte es entsprochen, zu sagen: Ich habe das Vertrauen in die Menschennatur, daß diese, nachdem sie sich in die Wissenschaften über die Dinge nach allen Seiten vertieft hat, aus sich selbst heraus dieses «Wissen» in ein «Nichtwissen» zu verwandeln vermag, daß also die höchste

Erkenntnis Befriedigung bringt. Nicht die überlieferten Ideen von Seele, Unsterblichkeit, Erlösung, Gott, Schöpfung, Dreieinigkeit usw. hätte er dann angenommen, wie er es getan hat, sondern die selbstgefundenen hätte er vertreten. – Nicolaus war aber persönlich mit den Vorstellungen des Christentums so durchsetzt, daß er wohl glauben konnte, er erwecke ein eigenes «Nichtwissen» in sich, während er doch nur die überlieferten Anschauungen zum Vorschein brachte, in denen er erzogen war. – Er stand aber auch an einem verhängnisvollen Abgrund im menschlichen Geistesleben. Er war *wissenschaftlicher* Mensch. Die Wissenschaft entfernt den Menschen ja zunächst von der unschuldigen Eintracht, in der er mit der Welt steht, solange er sich einer rein naiven Lebenshaltung hingibt. Bei einer solchen Lebenshaltung fühlt der Mensch dumpf seinen Zusammenhang mit dem Weltganzen. Er ist ein Wesen wie die anderen, eingegliedert in den Strom der Naturwirkungen. Mit dem Wissen trennt er sich von diesem Ganzen ab. Er erschafft in sich eine geistige Welt. Mit dieser steht er einsam der Natur gegenüber. Er ist reicher geworden; aber der Reichtum ist eine Last, die er schwer trägt. Denn sie lastet zunächst auf ihm allein. Er muß, aus eigener Kraft, den Weg zurückfinden zur Natur. Er muß erkennen, daß er selbst seinen Reichtum nunmehr eingliedern muß in den Strom der Weltwirkungen, wie früher die Natur selbst seine Armut eingegliedert hat. Hier lauern alle schlimmen Dämonen auf den Menschen. Seine Kraft kann leicht erlahmen. Statt die Eingliederung selbst zu vollziehen, wird er bei solchem Erlahmen seine Zuflucht zu einer von außen kommenden Offenbarung nehmen, die ihn aus seiner Einsamkeit wieder erlöst, die das Wissen, das er als Last empfindet, wieder zurückführt in den Urschoß des Daseins, in die Gottheit. Er wird, wie Nicolaus von Kues, glauben, seinen eigenen Weg zu gehen; und er wird doch in Wirklichkeit nur den finden, den ihm seine geistige Entwicklung gezeigt hat. Es gibt nun drei Wege – im wesentlichen –, die man gehen kann, wenn man da ankommt, wo Nicolaus angekommen war: Der eine ist der *positive Glaube*, der von außen auf uns eindringt; der zweite ist die *Verzweiflung;* man steht einsam mit seiner Last und fühlt das ganze Dasein mit sich wanken; der dritte Weg ist die Entwicklung der tiefsten, eigenen Kräfte des Menschen. *Vertrauen* in die Welt muß der eine Führer auf diesem dritten Wege sein. *Mut*, diesem Vertrauen zu folgen, gleichviel, wohin es führt, muß der andere sein*.

* Siehe Nachtrag III.

AGRIPPA VON NETTESHEIM UND THEOPHRASTUS PARACELSUS

Den Weg, auf welchen die Vorstellungsweise des Nicolaus von Kues hinweist, sind *Heinrich Cornelius Agrippa von Nettesheim* (1487–1535) und *Theophrastus Paracelsus* (1493–1541) gewandelt. Sie vertiefen sich in die Natur und suchen deren Gesetze mit allen Mitteln, die ihnen ihre Zeitepoche darbietet, zu erforschen, und zwar so allseitig wie möglich. In diesem Naturwissen sehen sie zugleich die wahre Grundlage für alle höhere Erkenntnis. Diese suchen sie aus der Naturwissenschaft heraus selbst zu entwickeln, indem sie diese im Geiste wiedergeboren werden lassen.

Agrippa von Nettesheim führte ein wechselreiches Leben. Er stammt aus einem vornehmen Geschlecht und ist in Köln geboren. Er studierte frühzeitig Medizin und Rechtswissenschaft und suchte sich über die Naturvorgänge in der Art aufzuklären, wie es damals üblich war innerhalb gewisser Kreise und Gesellschaften, oder auch bei einzelnen Forschern, die, was ihnen an Naturkenntnis aufging, sorgfältig geheim hielten. Er ging zu solchen Zwekken wiederholt nach Paris, nach Italien und England, und besuchte auch den berühmten Abt Trithem von Sponheim in Würzburg. Er lehrte zu verschiedenen Zeiten in wissenschaftlichen Anstalten und trat da und dort in die Dienste von Reichen und Vornehmen, denen er seine staatsmännischen und naturwissenschaftlichen Geschicklichkeiten zur Verfügung stellte. Wenn von seinen Biographen die Dienste, die er geleistet hat, als nicht immer einwandfrei geschildert werden, wenn gesagt wird, daß er unter dem Vorgeben, geheime Künste zu verstehen und durch sie den

Menschen Vorteile zu verschaffen, sich Geld erworben habe, so steht dem sein unverkennbarer, rastloser Trieb gegenüber, sich das gesamte Wissen seiner Zeit in ehrlicher Weise anzueignen und dieses Wissen im Sinne einer höheren Welterkenntnis zu vertiefen. Deutlich tritt bei ihm das Bestreben zutage, eine klare Stellung zur Naturwissenschaft auf der einen Seite, zur höheren Erkenntnis auf der anderen Seite zu gewinnen. Zu einer solchen Stellung gelangt nur, wer Einsicht darin hat, auf welchen Wegen man zu der einen und zur anderen Erkenntnis gelangt. So wahr es ist, daß die Naturwissenschaft zuletzt in die Region des Geistes heraufgehoben werden muß, wenn sie in höhere Erkenntnis übergehen soll, so wahr ist es auch, daß sie zunächst auf dem ihr eigentümlichen Felde bleiben muß, wenn sie die rechte Grundlage für eine höhere Stufe abgeben soll. Der «Geist in der Natur» ist nur für den Geist da. So gewiß die Natur in diesem Sinne geistig ist, so gewiß ist nichts in der Natur unmittelbar geistig, was von körperlichen Organen wahrgenommen wird. Es gibt nichts Geistiges, das meinem Auge als Geistiges erscheinen kann. Ich darf den Geist als solchen *nicht* in der Natur suchen. Das tue ich, wenn ich einen Vorgang der äußeren Welt unmittelbar geistig deute, wenn ich z. B. der Pflanze eine Seele zuschreibe, die nur entfernt analog der Menschenseele sein soll. Das tue ich ferner auch, wenn ich dem Geist oder der Seele selbst ein räumliches oder zeitliches Dasein zuschreibe, wenn ich z. B. von der ewigen Menschenseele sage, daß sie ohne den Körper, aber doch nach Art eines Körpers, statt als reiner Geist, in der Zeit fortlebe. Oder wenn ich gar glaube, daß in irgendwelchen sinnlich-wahrnehmbaren Veranstaltungen der Geist eines Verstorbenen sich zeigen könne. Der Spiritismus, der diesen Fehler begeht, zeigt damit nur, daß er bis zur wahrhaften Vorstellung des Geistes nicht vorgedrungen ist, sondern in einem Grobsinnlichen unmittelbar den Geist anschauen will. Er verkennt sowohl das Wesen des Sinnlichen wie dasjenige des Geistes. Er entgeistet das gewöhnliche Sinnliche, das Stunde für Stunde sich vor unseren Augen abspielt, um ein Seltenes, Überraschendes, Ungewöhnliches unmittelbar als Geist anzusprechen. Er begreift nicht, daß, was als «Geist in der Natur» lebt, sich z.B. beim Stoß zweier elastischer Kugeln für denjenigen, der Geist zu sehen vermag, enthüllt; und nicht erst bei Vorgängen, die durch ihre Seltenheit frappieren und die in ihrem natürlichen Zusammenhange nicht sofort überschaubar sind. Der Spiritist zieht aber auch den Geist in eine niedere Sphäre herab. Statt etwas, das im Raume vorgeht und das er mit den Sinnen wahrnimmt, auch durch Kräfte und Wesen zu erklären, die nur wieder räumlich und sinnlich wahrnehmbar sind, greift er zu «Geistern», die er somit völlig gleichsetzt mit dem Sinnlich-Wahrnehmbaren. Es liegt einer solchen Vorstellungsart ein Mangel an geistigem Auffassungsvermögen zugrunde. Man ist nicht imstande, Geistiges auf geistige Art anzuschauen; deshalb befriedigt man sein Bedürfnis nach dem Vorhandensein des Geistes mit bloßen Sinnenwesen. Der Geist zeigt solchen Menschen keinen Geist; deshalb suchen sie ihn mit den Sinnen. Wie sie Wolken durch die Luft fliegen sehen, möchten sie auch Geister dahineilen sehen.

Agrippa von Nettesheim kämpft für eine echte Naturwissenschaft, welche die Erscheinungen der Natur nicht durch Geisteswesen, die in der Sinneswelt spuken, erklären will, sondern welche in der Natur *nur* Natürliches, im Geiste nur Geistiges sehen will. – Man wird natürlich Agrippa völlig mißverstehen, wenn man *seine* Naturwissenschaft mit derjenigen späterer Jahrhunderte vergleicht, die über ganz andere Erfahrungen verfügt. Bei solcher Vergleichung könnte leicht scheinen, daß er noch durchaus auf unmittelbare Geisterwirkungen bezieht, was nur auf natürlichen Zusammenhängen oder auf falscher Erfahrung beruht. Ein solches Unrecht fügt Moriz Carrière ihm zu, wenn er – allerdings nicht im übelwollenden Sinne – sagt: «Agrippa gibt ein großes Register der Dinge, welche der Sonne, dem Mond, den Planeten oder Fixsternen zugehören und Einflüsse von ihnen empfangen; z.B. der Sonne verwandt ist das Feuer, das Blut, der Lorbeer, das Gold, der Chrysolit; sie verleihen die Gabe der Sonne: Mut, Heiterkeit, Licht... Die Tiere haben einen Natursinn, der erhabener als der menschliche Verstand sich dem Geiste der Weissagung nähert... Es können Menschen zu Lieb' und Haß, zu Krankheit und Gesundheit gebunden werden. So bindet man Diebe, daß sie irgendwo nicht stehlen, Kaufleute, daß sie nicht handeln, Schiffe, Mühlen, daß sie nicht gehen, Blitze, daß sie nicht treffen können. Es geschieht durch Tränke, Salben, Bilder, Ringe, Bezauberungen; das Blut von Hyänen oder Basilisken eignet sich zu solchem Gebrauch – *es gemahnt an Shakespeares Hexenkessel.*» Nein, es gemahnt nicht daran, wenn man Agrippa richtig versteht. Er glaubte selbstverständlich an Tatsachen, die man in seiner Zeit nicht bezweifeln zu können glaubte. Aber das tun wir auch heute noch gegenüber dem, was gegenwärtig als «tatsächlich» gilt. Oder meint man, künftige Jahrhunderte werden nicht auch manches von dem, was wir als unzweifelhafte Tatsache hinstellen, in die Rumpelkammer des «blinden»

Aberglaubens werfen? Ich bin allerdings überzeugt, daß im menschlichen Tatsachenwissen ein wirklicher Fortschritt stattfindet. Als die «Tatsache», daß die Erde rund ist, einmal entdeckt war, waren alle früheren Vermutungen ins Gebiet des «Aberglaubens» verwiesen. So ist es mit gewissen Wahrheiten der Astronomie, der Wissenschaft vom Leben u.a. Die natürliche Abstammungslehre ist gegenüber allen früheren «Schöpfungshypothesen» ein Fortschritt wie die Erkenntnis, daß die Erde rund ist, gegenüber allen vorhergehenden Vermutungen über deren Gestalt. Dennoch aber bin ich mir klar darüber, daß in unseren gelehrten naturwissenschaftlichen Werken und Abhandlungen manche «Tatsache» steckt, die künftigen Jahrhunderten ebensowenig als Tatsache erscheinen wird, wie uns heute manches, was Agrippa und Paracelsus behaupten. Nicht darauf kommt es an, was sie als «Tatsache» ansahen, sondern darauf, in welchem Geiste sie diese Tatsachen deuteten. – Zu Agrippas Zeiten fand man allerdings mit der von ihm vertretenen «natürlichen Magie», die in der Natur Natürliches – und Geistiges nur im Geiste – suchte, wenig Verständnis; die Menschen hingen an der «übernatürlichen Magie», die im Reiche des Sinnlichen das Geistige suchte, und die Agrippa bekämpfte. Deshalb durfte der Abt Trithem von Sponheim ihm den Rat geben, seine Anschauungen als Geheimlehre nur wenigen Auserlesenen mitzuteilen, die sich zu einer ähnlichen Idee über Natur und Geist aufschwingen können, weil man «auch den Ochsen nur Heu und nicht Zucker wie den Singvögeln gebe». Diesem Abt hat Agrippa vielleicht selbst den richtigen Gesichtspunkt zu danken. Trithemius hat in seiner «Steganographie» ein Werk geschrieben, in dem er mit der verstecktesten Ironie die Vorstellungsart behandelte, welche die Natur mit dem Geiste verwechselt. Er redet in dem Buche scheinbar von lauter übernatürlichen Vorgängen. Wer es liest, so wie es ist, muß glauben, daß der Verfasser von Geisterbeschwörungen, Fliegen von Geistern durch die Luft usw. rede. Läßt man aber gewisse Worte und Buchstaben des Textes unter den Tisch fallen, so bleiben – wie Wolfgang Ernst Heidel im Jahre 1676 nachgewiesen hat – Buchstaben übrig, die, zu Worten zusammengesetzt, rein natürliche Vorgänge darstellen. (Man muß in einem Falle z. B. in einer Beschwörungsformel das erste und letzte Wort ganz weglassen, dann von den übrigen das zweite, vierte, sechste usw. streichen. In den übriggebliebenen Worten muß man wieder den ersten, dritten, fünften usw. Buchstaben streichen. Was dann übrig bleibt, setzt man zu Worten zusammen; und die Beschwörungsformel verwandelt sich in eine rein natürliche Mitteilung.)

Wie schwer es Agrippa geworden ist, sich selbst aus den Vorurteilen seiner Zeit herauszuarbeiten und zu einer reinen Anschauung emporzuheben, davon liefert den Beweis, daß er seine bereits 1510 verfaßte «Geheime Philosophie» (philosophia occulta) nicht vor dem Jahre 1531 erscheinen ließ, weil er sie für unreif hielt. Ferner zeugt davon seine Schrift «Über die Eitelkeit der Wissenschaften» (De vanitate scientiarum), in der er mit Bitterkeit über das wissenschaftliche und sonstige Treiben seiner Zeit redet. Er spricht da ganz deutlich aus, daß er nur schwer sich losgerungen hat von dem Wahn derjenigen, welche in äußerlichen Verrichtungen unmittelbare geistige Vorgänge, in äußerlichen Tatsachen prophetische Hindeutungen auf die Zukunft usw. erblicken. Agrippa schreitet in drei Stufen zum höheren Erkennen fort. Er behandelt als erste Stufe die Welt, wie sie mit ihren Stoffen, ihren physikalischen, chemischen und anderen Kräften den Sinnen gegeben ist. Er nennt die Natur, insofern sie auf dieser Stufe betrachtet wird, die elementarische. Auf der zweiten Stufe betrachtet man die Welt als Ganzes in ihrem natürlichen Zusammenhang, wie sie ihre Dinge nach Maß, Zahl, Gewicht, Harmonie usw. ordnet. Die erste Stufe reiht das nächste an das nächste. Sie sucht die im unmittelbaren Umkreis eines Vorganges liegenden Veranlassungen desselben. Die zweite Stufe betrachtet einen einzelnen Vorgang im Zusammenhange mit dem ganzen Weltall. Sie führt den Gedanken aus, daß jedes Ding unter dem Einfluß aller übrigen Dinge des Weltganzen steht. Vor ihr erscheint dieses Weltganze als eine große Harmonie, in der jedes Einzelne ein Glied ist. Die Welt, unter diesem Gesichtspunkte betrachtet, bezeichnet Agrippa als astrale oder himmlische. Die dritte Stufe des Erkennens ist diejenige, wo der Geist durch die Vertiefung in sich selbst das Geistige, das Urwesen der Welt unmittelbar anschaut. Agrippa spricht da von der geistig-seelischen Welt.

Die Ansichten, die Agrippa über die Welt und das Verhältnis des Menschen zu ihr entwickelt, treten uns bei *Theophrastus Paracelsus* in ähnlicher, nur in vollkommenerer Art entgegen. Man betrachtet sie daher besser bei diesem.

Paracelsus kennzeichnet sich selbst, indem er unter sein Bildnis schreibt: «Eines Andern Knecht soll niemand sein, der für sich selbst kann bleiben allein.» Seine ganze Stellung zur Erkenntnis ist in diesen Worten gegeben. Er will überall auf die Grundlagen des Naturwissens selbst zurückgehen, um durch eigene Kraft zu den höchsten Regionen der Erkenntnis emporzusteigen. Er will als Arzt nicht, wie seine Zeitgenossen, einfach das annehmen, was die damals als Autoritäten geltenden alten Forscher, z.B. Galen oder Avicenna, vor Zeiten behauptet haben; er will selbst unmittelbar im *Buche der Natur* lesen. «Der Arzt muß durch der Natur Examen gehen, welche die Welt ist; und all ihr Anfang. Und dasselbige, was ihm die Natur lehrt, das muß er seiner Weisheit befehlen, aber nichts in seiner Weisheit suchen, sondern allein im Licht der Natur.» Er scheut vor nichts zurück, um die Natur und ihre Wirkungen nach allen Seiten kennenzulernen. Er macht zu diesem Zwecke Reisen nach Schweden, Ungarn, Spanien, Portugal und in den Orient. Er darf von sich sagen: «Ich bin der Kunst nachgegangen mit Gefahr meines Lebens und habe mich nicht geschämt, von Landfahrern, Nachrichtern und Scherern zu lernen. Meine Lehre ward probiert schärfer denn das Silber in Armut, Ängsten, Kriegen und Nöten.» Was von alten Autoritäten überliefert ist, hat für ihn keinen Wert; denn er glaubt nur zu der rechten Anschauung zu kommen, wenn er den Aufstieg von dem Naturwissen zu der höchsten Erkenntnis selbst erlebt. Dieses Selbsterleben legt ihm den stolzen Ausspruch in den Mund: «Wer der Wahrheit nach will, der muß in meine Monarchei» ... «Mir nach; ich nicht euch, Avicenna, Rhases, Galen, Mesur! Mir nach und ich nicht euch, ihr von Paris, ihr von Montpellier, ihr von Schwaben, ihr von Meißen, ihr von Köln, ihr von Wien, und was an der Donau und dem Rheinstrome liegt; ihr Inseln im Meer, du Italien, du Dalmatien, du Athen, du Grieche, du Araber, du Israelite; mir nach und ich nicht euch! Mein ist die Monarchei!» – Man kann Paracelsus wegen seiner rauhen Außenseite, die machmal hinter Scherz tiefen Ernst verbirgt, leicht verkennen. Er sagt doch selbst: «Von der Natur bin ich nicht subtil gesponnen [...], auch nicht mit Feigen und Weizenbrod, sondern mit Käs, Milch und Haberbrod erzogen, darum bin ich wohl grob gegen die Katzenreinen und Superfeinen; denn dieselben, die in weichen Kleidern, und wir, die in Tannenzapfen erzogen, verstehen einander nicht wohl. Ob ich mir selber holdselig zu sein vermeine, muß ich also für grob gelten.» «Wie kann ich nicht seltsam sein dem, der nie in der Sonne gewandert hat?»

Goethe hat das Verhältnis des Menschen zur Natur (in seinem Buche über Winckelmann) mit den schönen Sätzen geschildert: «Wenn die gesunde Natur des Menschen als ein Ganzes wirkt, wenn er sich in der Welt als in einem großen, schönen, würdigen und werten Ganzen fühlt, wenn das harmonische Behagen ihm ein reines, freies Entzücken gewährt: dann würde das *Weltall*, wenn es sich selbst empfinden könnte, *als an sein Ziel gelangt*, aufjauchzen, und *den Gipfel des eigenen Werdens und Wesens bewundern.*» Von einer Empfindung, wie sie sich in solchen Sätzen ausspricht, ist Paracelsus tief durchdrungen. Aus dieser Empfindung heraus gestaltet sich für ihn das Rätsel des Menschen. Sehen wir zu, wie das, im Sinne des Paracelsus, geschieht. Verhüllt ist dem menschlichen Fassungsvermögen zunächst der Weg, den die Natur gegangen ist, um ihren Gipfel hervorzubringen. Sie hat diesen Gipfel erstiegen; aber dieser Gipfel sagt nicht: ich fühle mich als die ganze Natur; dieser Gipfel sagt: ich fühle mich als dieser einzelne Mensch. Was in Wirklichkeit eine Tat der ganzen Welt ist, das fühlt sich als einzelnes, einsames, für sich stehendes Wesen. Ja, das ist gerade das wahre Wesen des Menschen, daß er sich als etwas anderes fühlen muß, als er letzten Endes ist. Und wenn dies ein Widerspruch ist, so darf der Mensch ein lebendig gewordener Widerspruch genannt werden. Der Mensch ist die Welt auf seine eigene Art. Er sieht seinen Einklang mit der Welt als eine Zweiheit an. Er ist dasselbe, was die Welt ist; aber er ist es als Wiederholung, als einzelnes Wesen. Das ist der Gegensatz, den Paracelsus als Mikrokosmos (Mensch) und Makrokosmos (Weltall) empfindet. Der Mensch ist ihm die Welt im Kleinen. Was den Menschen sein Verhältnis zur Welt so ansehen läßt, das ist sein Geist. Dieser Geist erscheint an ein einzelnes Wesen, an einen einzelnen Organismus gebunden. Dieser Organismus gehört, seinem ganzen Wesen nach, dem großen Strom des Weltalls an. Er ist ein Glied in demselben, das nur im Zusammenhange mit allen anderen seinen Bestand hat. Der Geist aber erscheint als ein Ergebnis dieses einzelnen Organismus. Er sieht sich zunächst nur mit diesem Organismus verbunden. Er reißt diesen Organismus aus dem Mutterboden los, dem er entwachsen ist. So liegt für Paracelsus ein tiefer Zusammenhang zwischen dem Menschen und dem ganzen Weltall in der Naturgrundlage des Seins verborgen, der sich durch das Dasein des Geistes verbirgt. Der Geist, der uns zur höheren Erkenntnis führt, indem er uns das Wissen vermittelt, und dieses Wissen auf höherer Stufe wieder geboren werden läßt, hat für uns Menschen zunächst die Folge, daß er uns unseren eigenen Zusammenhang mit dem All verhüllt. So löst sich für Paracelsus die menschliche Natur zunächst in drei Glieder auseinander: in unsere sinnlich-körperliche Natur, unseren Organismus, der uns als ein Naturwesen unter anderen Naturwesen erscheint und genau so ist, wie alle anderen

Naturwesen; in unsere verhüllte Natur, die ein Glied in der Kette der ganzen Welt ist, die also nicht innerhalb unseres Organismus beschlossen ist, sondern die Kraftwirkungen aussendet und empfängt von dem ganzen Weltall; und in die höchste Natur: unseren Geist, der nur auf geistige Art sich auslebt. Das erste Glied der menschlichen Natur nennt Paracelsus den *Elementarleib;* das zweite den ätherisch-himmlischen oder *astralischen Leib*, das dritte Glied nennt er *Seele*. – In den «astralischen» Erscheinungen sieht also Paracelsus eine Zwischenstufe zwischen den rein körperlichen und den eigentlichen Seelenerscheinungen. Sie werden also dann sichtbar werden, wenn der Geist, welcher die Naturgrundlage unseres Seins verhüllt, seine Tätigkeit einstellt. Die einfachste Erscheinung dieses Gebietes haben wir in der Traumwelt vor uns. Die Bilder, die uns im Traume umgaukeln, mit ihrem merkwürdigen sinnvollen Zusammenhange mit Vorgängen in unserer Umgebung und mit Zuständen unseres eigenen Innern, sind Erzeugnisse unserer Naturgrundlage, die durch das hellere Licht der Seele verdunkelt werden. Wenn ein Stuhl neben meinem Bette umfällt, und ich träume ein ganzes Drama, das mit einem durch ein Duell verursachten Schuß endet, oder wenn ich Herzklopfen habe, und ich träume von einem kochenden Ofen, so kommen Naturwirkungen zum Vorschein, sinnvoll und bedeutsam, die ein Leben enthüllen, das zwischen den rein organischen Funktionen und dem im hellen Bewußtsein des Geistes vollzogenen Vorstellen liegt. An dieses Gebiet schließen sich alle Erscheinungen an, die dem Felde des Hypnotismus und der Suggestion angehören. Wir können in der Suggestion eine Einwirkung von Mensch auf Mensch sehen, die auf einen durch die höhere Geistestätigkeit verhüllten Zusammenhang der Wesen in der Natur deutet. Von hier aus eröffnet sich die Möglichkeit das zu verstehen, was Paracelsus als «astralischen» Leib deutet. Er ist die Summe von Naturwirkungen, unter deren Einfluß wir stehen oder durch besondere Umstände stehen können; die von uns ausgehen, ohne daß unsere Seele dabei in Betracht kommt; und die doch nicht unter den Begriff rein physikalischer Erscheinungen fallen. Daß Paracelsus auf diesem Felde Tatsachen aufzählt, die wir heute bezweifeln, das kommt von einem Gesichtspunkte aus, den ich oben bereits angeführt habe (vgl. S. 103 f.), nicht in Betracht. – Auf Grund solcher Anschauungen von der menschlichen Natur sonderte Paracelsus diese in sieben Glieder. Es sind dieselben, welche wir auch in der Weisheit der alten Ägypter, bei den Neuplatonikern und in der Kabbala antreffen. Der Mensch ist zunächst ein physikalisch-körperliches Wesen, also denselben Gesetzen unterworfen, denen *jeder* Körper unterworfen ist. Er ist also, in dieser Hinsicht, ein rein *elementarischer* Leib. Die rein körperlich-physikalischen Gesetze gliedern sich zum *organischen* Lebensprozeß. Paracelsus bezeichnet die organische Gesetzmäßigkeit als «Archaeus» oder «Spiritus vitae»; das Organische erhebt sich zu geistähnlichen Erscheinungen, die noch nicht Geist sind. Es sind dies die «*astralischen*» Erscheinungen. Aus den «astralischen» Vorgängen tauchen die Funktionen des «*tierischen Geistes*» auf. Der Mensch ist Sinnenwesen. Er verbindet sinngemäß die sinnlichen Eindrücke durch seinen Verstand. Es belebt sich also in ihm die «*Verstandesseele*». Er vertieft sich in seine eigenen geistigen Erzeugnisse, er lernt den Geist als Geist erkennen. Er hat sich somit bis zur Stufe der «*Geistseele*» erhoben.

Zuletzt erkennt er, daß er in dieser Geistseele den tiefsten Untergrund des Weltdaseins erlebt; die Geistseele hört auf, eine individuelle, einzelne zu sein. Es tritt die Erkenntnis ein, von der Eckhart sprach, als er nicht mehr *sich* in sich, sondern das Urwesen in sich sprechen fühlte. Es ist der Zustand eingetreten, in dem der Allgeist im Menschen sich selbst anschaut. Paracelsus hat das Gefühl dieses Zustandes in die einfachen Worte geprägt: «Und das ist ein Großes, das ihr bedenken sollt: nichts ist im Himmel und auf Erden, das nicht sei im Menschen. Und *Gott*, der im Himmel ist, der ist im Menschen.» – Nichts anderes will Paracelsus mit diesen sieben Grundteilen der menschlichen Natur zum Ausdruck bringen als Tatsachen des äußeren und inneren Erlebens. Daß in höherer Wirklichkeit eine Einheit ist, was sich für die menschliche Erfahrung als Vielheit von sieben Gliedern auseinanderlegt, das bleibt dadurch unangefochten. Aber gerade dazu ist die höhere Erkenntnis da: die Einheit in allem aufzuzeigen, was dem Menschen wegen seiner körperlichen und geistigen Organisation im unmittelbaren Erleben als Vielheit erscheint. Auf der Stufe der höchsten Erkenntnis strebt Paracelsus durchaus darnach, das einheitliche Urwesen der Welt lebendig mit seinem Geiste zu verschmelzen. Er weiß aber, daß der Mensch die Natur in ihrer Geistigkeit nur erkennen kann, wenn er mit ihr in unmittelbaren Verkehr tritt. Nicht dadurch begreift der Mensch die Natur, daß er sie von sich aus mit willkürlich angenommenen geistigen Wesenheiten bevölkert, sondern dadurch, daß er sie hinnimmt und schätzt, so wie sie als Natur ist. Paracelsus sucht daher nicht Gott oder den Geist *in* der Natur; sondern die Natur, so wie sie ihm vor Augen tritt, ist ihm ganz unmittelbar *gött-*

lich. Muß man denn der Pflanze erst eine Seele nach Art der menschlichen Seele beilegen, um das Geistige zu finden? Darum erklärt sich Paracelsus die Entwicklung der Dinge, soweit das mit den wissenschaftlichen Mitteln seiner Zeit möglich ist, durchaus so, daß er diese Entwicklung als einen sinnlichen Naturprozeß auffaßt. Er läßt alle Dinge aus der Urmaterie, dem Urwasser (Yliaster) hervorgehen. Und er betrachtet als einen weiteren Naturprozeß die Scheidung der Urmaterie (die er auch den großen Limbus nennt) in die vier Elemente: Wasser, Erde, Feuer und Luft. Wenn er davon spricht, daß das «göttliche Wort» aus der Urmaterie die Vielheit der Wesen hervorrief, so ist auch das nur so zu verstehen, wie etwa in der neueren Naturwissenschaft das Verhältnis der Kraft zum Stoffe zu verstehen ist. Ein «Geist» im tatsächlichen Sinne ist auf dieser Stufe noch nicht vorhanden. Dieser «Geist» ist kein tatsächlicher Grund des Naturprozesses, sondern ein tatsächliches Ergebnis dieses Prozesses. Dieser Geist schafft nicht die Natur, sondern entwickelt sich aus ihr. Manches Wort des Paracelsus könnte im entgegengesetzten Sinne gedeutet werden. So wenn er sagt: «Es ist nichts körperlich, es hätte und führete nicht auch einen Geist in ihm verborgen und lebete. Es hat auch nicht nur *das* Leben, was sich regt und bewegt, als die Menschen, die Tiere, die Würmer der Erde, die Vögel im Himmel, und die Fische im Wasser, sondern auch alle körperlichen und wesentlichen Dinge.» Aber mit solchen Aussprüchen will Paracelsus nur vor der oberflächlichen Naturbetrachtung warnen, welche mit ein paar «hingepfahlten» Begriffen (nach Goethes trefflichem Ausdruck) das Wesen eines Dinges auszuschöpfen glaubt. Er will in die Dinge nicht ein ausgedachtes Wesen hineinlegen, sondern alle Kräfte des Menschen in Bewegung setzen, um das, was tatsächlich in dem Dinge liegt, herauszuholen. – Es kommt darauf an, sich dadurch nicht verführen zu lassen, daß Paracelsus sich im Geiste seiner Zeit ausdrückt. Es handelt sich vielmehr darum, zu erkennen, welche Dinge ihm vorschweben, wenn er, auf die Natur blickend, in den Ausdrucksformen seiner Zeit seine Ideen ausdrückt. Er schreibt z. B. dem Menschen ein zweifaches Fleisch, also eine zweifache körperliche Beschaffenheit zu. «Das Fleisch muß also verstanden werden, daß seiner zweierlei Art ist, nämlich das Adam entstammende Fleisch und das Fleisch, welches nicht aus Adam ist. Das Fleisch aus Adam ist ein grobes Fleisch, denn es ist irdisch und sonst nichts als Fleisch, das zu binden und zu fassen ist wie Holz und Stein. Das andere Fleisch ist nicht aus Adam, es ist ein subtiles Fleisch und nicht zu binden oder zu fassen, denn es ist nicht aus Erde gemacht.» Was ist das Fleisch, das aus Adam ist? Es ist alles das, was der Mensch durch seine *natürliche* Entwicklung überkommen hat, was sich also auf ihn *vererbt* hat. Dazu kommt das, was sich der Mensch im Verkehr mit der Umwelt im Lauf der Zeiten *erworben* hat. Die modernen naturwissenschaftlichen Vorstellungen von *vererbten* und durch *Anpassung erworbenen* Eigenschaften lösen sich los aus dem angeführten Gedanken des Paracelsus. Das «subtilere Fleisch», das den Menschen zu seinen geistigen Verrichtungen befähigt, ist nicht von Anfang an in dem Menschen gewesen. Er war «grobes Fleisch» wie das Tier, ein Fleisch, das «zu binden und zu fassen ist, wie Holz und Stein». Im naturwissenschaftlichen Sinne ist also auch die Seele eine *erworbene* Eigenschaft des «groben Fleisches». Was der Naturforscher des neunzehnten Jahrhunderts im

Auge hat, wenn er von den Erbstücken aus der Tierwelt spricht, das hat Paracelsus im Auge, wenn er das Wort gebraucht, das «aus Adam stammende Fleisch». Durch solche Ausführungen soll natürlich durchaus nicht der Unterschied verwischt werden, der besteht zwischen einem Naturforscher des sechzehnten und einem solchen des neunzehnten Jahrhunderts. Erst dieses letztere Jahrhundert war ja imstande, im vollen wissenschaftlichen Sinne die Erscheinungen der Lebewesen in einem solchen Zusammenhange zu sehen, daß deren natürliche Verwandtschaft und tatsächliche Abstammung bis herauf zum Menschen vor Augen trat. Die Naturwissenschaft sieht nur einen Naturprozeß, wo noch Linné im achtzehnten Jahrhundert einen geistigen Prozeß gesehen und mit den Worten charakterisiert hat: «Spezies von Lebewesen zählen so viele, als verschiedene Formen im Prinzip *geschaffen* worden sind.» Während bei Linné also der Geist noch in die räumliche Welt verlegt werden und ihm die Aufgabe zugewiesen werden muß, die Lebensformen geistig zu erzeugen, zu «schaffen», konnte die Naturwissenschaft des neunzehnten Jahrhunderts der Natur geben, was der Natur ist, und dem Geiste, was des Geistes ist. Der Natur wird selbst die Aufgabe zugewiesen, ihre Schöpfungen zu erklären; und der Geist kann sich dort in sich versenken, wo er allein zu finden ist, im Innern des Menschen. – Aber, wenn Paracelsus auch im gewissen Sinne durchaus im Sinne seiner Zeit denkt, so hat er doch gerade in bezug auf die Idee der *Entwickelung*, des *Werdens*, das Verhältnis des Menschen zur Natur in tiefsinniger Weise erfaßt. Er sah in dem Urwesen der Welt nicht etwas, was als Abgeschlossenes irgendwie vorhanden ist, sondern er erfaßte das Göttliche im Werden. Dadurch konnte er dem Menschen wirklich eine selbstschöpferische Tätigkeit zuschreiben. Ist das göttliche Urwesen ein für allemal vorhanden, dann kann von einem wahren Schaffen des Menschen nicht die Rede sein. Nicht der Mensch schafft dann, der in der Zeit lebt, sondern Gott schafft, der von Ewigkeit ist. Aber für Paracelsus ist kein solcher Gott von Ewigkeit. Für ihn ist nur ein ewiges Geschehen, und der Mensch ist ein Glied in diesem ewigen Geschehen. Was der Mensch bildet, war vorher noch in keiner Weise da. Was der Mensch schafft, ist so wie er schafft, eine ursprüngliche Schöpfung. Soll sie göttlich genannt werden, so kann sie so genannt werden nur in dem Sinne, wie sie als menschliche Schöpfung ist. Deshalb kann Paracelsus dem Menschen eine Rolle im Weltenbaue zuweisen, die diesen selbst zum Mitbaumeister an dieser Schöpfung macht. Das göttliche Urwesen ist *ohne* den Menschen nicht das, was es *mit* dem Menschen ist. «Denn die Natur bringt nichts an den Tag, was auf seine Statt vollendet sei, sondern der Mensch muß es vollenden.» Diese selbstschöpferische Tätigkeit des Menschen am Bau der Natur nennt Paracelsus Alchymie. «Diese Vollendung ist Alchymie. Also ist der Alchymist der Bäcker, indem er das Brod bäckt, der Rebmann, indem er den Wein macht, der Weber, indem er das Tuch macht.» Paracelsus will auf seinem Gebiet, als Arzt, Alchymist sein. «Darum so mag ich billig in der Alchymie hie so viel schreiben, auf daß ihr sie wohl erkennet, und erfahret, was an ihr sei, und wie sie verstanden soll werden: nicht ein Ärgernis nehmen daran, daß weder Gold noch Silber dir daraus werden soll. Sondern daher betrachtet, daß dir die Arkanen (Heilmittel) eröffnet werden» ... «Die dritte Säule der Medizin ist Alchymie, denn die Bereitung der Arzneien kann ohne sie nicht geschehen, *weil die Natur ohne Kunst nicht gebraucht werden kann.*»

Im strengsten Sinne also sind die Augen des Paracelsus auf die Natur gerichtet, um ihr selbst abzulauschen, was sie über ihre Hervorbringungen zu sagen hat. Die chemische Gesetzmäßigkeit will er erforschen, um in seinem Sinne als Alchymist zu wirken. Er denkt sich alle Körper aus drei Grundstoffen zusammengesetzt, aus Salz, Schwefel und Quecksilber. Was er so bezeichnet, deckt sich natürlich nicht mit dem, was die spätere Chemie mit diesem Namen bezeichnet; ebenso wenig wie das, was Paracelsus als Grundstoff auffaßt, ein solcher im Sinne der späteren Chemie ist. Verschiedene Dinge werden zu verschiedenen Zeiten mit denselben Namen bezeichnet. Was die Alten vier Elemente: Erde, Wasser, Luft und Feuer nannten, haben wir noch immer. Wir nennen diese vier «Elemente» nicht mehr «Elemente», sondern Aggregatzustände und haben dafür die Bezeichnungen: fest, flüssig, gasförmig, ätherförmig. Die Erde z.B. war den Alten nicht Erde, sondern das «Feste». Auch die drei Grundstoffe des Paracelsus erkennen wir wohl in gegenwärtigen Begriffen, nicht aber in den gleichlautenden gegenwärtigen Namen wieder. Für Paracelsus sind Auflösung in einer Flüssigkeit und Verbrennung die beiden wichtigen chemischen Prozesse, die er anwendet. Wird ein Körper gelöst oder verbrannt, so zerfällt er in seine Teile. Etwas bleibt als Rückstand; etwas löst sich oder verbrennt. Das Rückständige ist ihm salzartig, das Lösliche (Flüssige) quecksilberartig; das Verbrennliche nennt er schwefelig.

Wer über solche Naturprozesse nicht hinaussieht, den mögen sie als materiell-nüchterne Dinge kalt lassen; wer den Geist durchaus mit den Sinnen fassen will, der wird diese Prozesse mit allen möglichen Seelenwesen bevölkern. Wer aber, wie Paracelsus, sie im Zusammenhange mit dem All zu betrachten weiß, das im Innern des Menschen sein Geheimnis offenbar werden läßt, der nimmt sie hin, wie sie sich den Sinnen darbieten; er deutet sie nicht erst um; denn so, wie die Naturvorgänge in ihrer sinnlichen Wirklichkeit vor uns stehen, offenbaren sie auf ihre eigene Art das Rätsel des Daseins. Was sie durch diese ihre sinnliche Wirklichkeit aus der Seele des Menschen heraus zu enthüllen haben, steht dem, der nach dem Licht der höheren Erkenntnis strebt, höher als alle übernatürlichen Wunder, die der Mensch ersinnen, oder sich offenbaren lassen mag über ihren angeblichen «Geist». Es gibt keinen «Geist der Natur», der erhabenere Wahrheiten auszusprechen vermöchte, als die großen Werke der Natur selbst, wenn unsere Seele in Freundschaft sich mit dieser Natur verbindet und im vertraulichen Verkehre den Offenbarungen ihrer Geheimnisse lauscht. Solche Freundschaft mit der Natur suchte Paracelsus.

Paracelsus kam es vor allen Dingen darauf an, über die Natur Ideen zu gewinnen, die den Geist der von ihm vertretenen höheren Erkenntnis atmen. Ein ihm verwandter Denker, der die gleiche Vorstellungsart vorzugsweise auf die eigene Natur des Menschen anwandte, ist *Valentin Weigel* (1533–1588). Er ist in ähnlichem Sinne aus der protestantischen Theologie herausgewachsen wie Eckhart, Tauler und Suso aus der katholischen. Er hat Vorgänger in *Sebastian Frank* und *Caspar Schwenckfeldt*. Diese deuteten gegenüber dem am äußerlichen Bekenntnis hängenden Kirchenglauben, auf die Vertiefung des inneren Lebens. Ihnen ist nicht der Jesus wertvoll, den das Evangelium predigt, sondern der Christus, der in jedem Menschen aus dessen tieferer Natur geboren werden kann, und der ihm Erlöser vom niederen Leben und Führer zu idealer Erhebung sein soll. Weigel verwaltete still und bescheiden sein Pfarramt in Zschopau. Erst aus seinen hinterlassenen, im siebzehnten Jahrhundert gedruckten Schriften erfuhr man etwas von den bedeutsamen Ideen, die ihm über die Natur des Menschen aufgegangen waren. (Von seinen Schriften seien genannt: «Der güldene Griff, das ist: All Ding ohne Irrthumb zu erkennen, vielen Hochgelährten unbekannt, und doch allen Menschen nothwendig zu wissen.» – «Erkenne dich selber.» – «Vom Ort der Welt.») Es drängt Weigel, sich über sein Verhältnis zur Lehre der Kirche klar zu werden. Das führt ihn dazu, die Grundfesten aller Erkenntnis zu untersuchen. Ob der Mensch etwas durch ein Glaubensbekenntnis erkennen könne, darüber kann er sich nur Rechenschaft geben, wenn er weiß, *wie* er erkennt. Von der untersten Art des Erkennens geht Weigel aus. Er fragt sich: wie erkenne ich ein sinnliches Ding, wenn es mir entgegentritt? Von da hofft er aufsteigen zu können bis zu dem Gesichtspunkte, wo er sich über die höchste Erkenntnis Rechenschaft geben kann. – Bei der sinnlichen Erkenntnis stehen sich das Werkzeug (Sinnesorgan) und das Ding, der «Gegenwurf» gegenüber. «Dieweil in der natürlichen Erkenntnis sein müssen zwei Dinge, als das Objekt oder Gegenwurf, der soll erkannt und gesehen werden vom Auge; und das Auge, oder der Erkenner, der das Objekt sieht, und erkennt, so halte gegeneinander: ob die Erkenntnis herkomme vom Objekt in das Auge; oder ob das Urteil, und die Erkenntnis fließe vom Auge in das Objekt.» («Der güldene Griff», 9. Kap.) Nun sagt sich Weigel: Würde die Erkenntnis aus dem Gegenwurf (Ding) in das Auge fließen, so müßte notwendig von einem und demselben Ding eine gleiche und vollkommene Erkenntnis in alle Augen kommen. Dies ist aber nicht der Fall, sondern jeder sieht nach Maßgabe seiner Augen. Nur die Augen, nicht der Gegenwurf, können schuld daran sein, daß von einem und demselben Ding vielerlei verschiedene Vorstellungen möglich sind. Weigel vergleicht, zur Klärung der Sache, das Sehen mit dem Lesen. Wäre das Buch nicht, so könnte ich es natürlich nicht lesen; aber es könnte immerhin da sein, und dennoch könnte ich nichts darin lesen, wenn ich nicht die Kunst, zu lesen, verstände. Das Buch muß also da sein; aber es kann mir, von sich aus, nicht das geringste geben; ich muß alles, was ich lese, aus mir herausholen. Das ist auch das Wesen der natürlichen (sinnlichen) Erkenntnis. Die Farbe ist als «Gegenwurf» da; aber sie kann, von sich aus, nichts dem Auge geben. Das Auge muß von sich aus erkennen, was die Farbe ist. So wenig wie der Inhalt des Buches in dem Leser ist, so wenig ist die Farbe im Auge. Wäre der Inhalt des Buches in dem Leser: er brauchte es nicht zu lesen. Dennoch fließt im Lesen dieser Inhalt nicht aus dem Buche, sondern aus dem Leser. So ist es auch mit dem sinnlichen Ding. Was dieses sinnliche Ding draußen ist, das fließet nicht von außen herein in den Menschen, sondern von innen heraus. – Man könnte, von diesen Gedanken ausgehend, sagen: Wenn alle Erkenntnis aus dem Menschen in den Gegenstand fließt, so erkennt man nicht, was im Gegenstande ist, sondern nur, was im Menschen selbst ist. Die ausführliche Durchbildung dieses Gedankenganges hat die Anschauung *Immanuel Kants* (1724–1804) gebracht. (Das Irrige dieses Gedankenganges findet man in meinem Buch «Philosophie der Freiheit» dargestellt. Hier muß ich mich darauf beschränken, zu erwähnen, daß Valentin Weigel mit seiner einfachen, urwüchsigen Vorstellungsart viel höher steht als Kant.) – Weigel sagt sich: Wenn auch die Erkenntnis aus dem Menschen fließt, so ist es doch nur das Wesen des Gegenwurfes, das von diesem auf dem Umwege durch den Menschen zum Vorschein kommt. Wie ich den Inhalt des Buches durch das Lesen erfahre, und nicht meinen eigenen, so erfahre ich die Farbe des Gegenwurfes durch das Auge; nicht die im Auge, oder in mir befindliche Farbe. Auf einem eigenen Wege kommt also Weigel zu einem Ergebnis, das uns bereits bei Nicolaus von Kues entgegengetreten ist. So hat sich Weigel über das Wesen der sinnlichen Erkenntnis aufgeklärt. Er ist zu der Überzeugung gekommen, daß alles, was uns die äußeren Dinge zu sagen haben, nur aus unserem eigenen Innern selbst herausfließen kann. Der

Mensch kann sich nicht leidend verhalten, wenn er die sinnlichen Dinge erkennen will, und diese bloß auf sich wirken lassen wollen; sondern er muß sich tätig verhalten, und die Erkenntnis aus *sich* herausholen. Der Gegenwurf erweckt nur in dem Geiste die Erkenntnis. Zur höheren Erkenntnis steigt der Mensch auf, wenn der Geist sein eigener Gegenwurf wird. An der sinnlichen Erkenntnis ersieht man, daß keine Erkenntnis von außen in den Menschen einfließen kann. Also kann auch die höhere Erkenntnis nicht von außen kommen, sondern nur im Innern erweckt werden. Es kann daher keine äußere Offenbarung, sondern nur eine innere Erweckung geben. So wie nun der äußere Gegenwurf wartet, bis der Mensch ihm entgegentritt, in dem er sein Wesen aussprechen kann, so muß der Mensch, wenn er sich selbst Gegenwurf sein will, warten, bis in ihm die Erkenntnis seines Wesens erweckt wird. Muß in der sinnlichen Erkenntnis sich der Mensch tätig verhalten, damit er dem Gegenwurf dessen Wesen entgegenbringen kann, so muß in der höheren Erkenntnis sich der Mensch leidend verhalten, weil *er* jetzt Gegenwurf ist. Er muß sein Wesen in sich empfangen. Deshalb erscheint ihm die Erkenntnis des Geistes als Erleuchtung von oben. Im Gegensatz zur sinnlichen Erkenntnis nennt daher Weigel die höhere Erkenntnis das «Licht der Gnaden». Dieses «Licht der Gnaden» ist in Wirklichkeit nichts anderes als die Selbsterkenntnis des Geistes im Menschen, oder die Wiedergeburt des Wissens auf der höheren Stufe des Schauens. – Wie nun Nicolaus von Kues beim Verfolgen seines Weges vom Wissen zum Schauen nicht wirklich das von ihm gewonnene Wissen auf höherer Stufe wiedergeboren werden läßt, sondern wie sich ihm das kirchliche Bekenntnis, in dem er erzogen ist, als solche Wiedergeburt vortäuscht, so ist das auch bei Weigel der Fall. Er führt sich auf den rechten Weg und verliert diesen in dem Augenblick wieder, in dem er ihn betritt. Wer den Weg gehen will, den Weigel weist, der kann diesen selbst nur bis zum Ausgangspunkte als Führer betrachten.

*

Es ist wie das Aufjauchzen der Natur, die, auf dem Gipfel ihres Werdens, ihre Wesenheit bewundert, was uns aus den Werken des Görlitzer Schuhmachermeisters *Jacob Böhme* (1575–1624) entgegentönt. Ein Mann erscheint vor uns, dessen Worte Flügel haben, gewoben aus der beseligenden Empfindung, das Wissen in sich als höhere Weisheit leuchten zu sehen. Als eine Frömmigkeit, die nur Weisheit sein will, und als eine Weisheit, die allein in Frömmigkeit leben will, beschreibt Jacob Böhme seinen Zustand: «Als ich in Gottes Beistand rang und kämpfte, da ging meiner Seele ein wunderliches Licht auf, das der wilden Natur ganz fremd war, darin ich erst erkannte, was Gott und Mensch wäre, und was Gott mit den Menschen zu tun hätte.» Jacob Böhme fühlt sich nicht mehr als einzelne Persönlichkeit, die ihre Erkenntnisse ausspricht; er fühlt sich als Organ des großen Allgeistes, der in ihm spricht. Die Grenzen seiner Persönlichkeit erscheinen ihm nicht als Grenzen des Geistes, der aus ihm redet. Dieser Geist ist ihm allgegenwärtig. Er weiß, daß «der Sophist ihn tadeln» werde, wenn er vom Anfang der Welt und ihrer Schöpfung spricht, «dieweil ich nicht sei dabei gewesen und es selber gesehn. Dem sei gesagt, daß in meiner Seelen- und Leibesessenz, da ich noch nicht der Ich war, sondern da ich Adams Essenz war, bin ja dabei gewesen und meine Herrlichkeit in Adam selber verscherzet habe.» Nur in äußeren Gleichnissen vermag Böhme anzudeuten, wie in seinem Innern das Licht hervorgebrochen. Als er sich einmal als Knabe auf dem Gipfel eines Berges befindet, da sieht er oben, wo große rote Steine den Berg zu schließen scheinen, den Eingang offen und in seiner Vertiefung ein Gefäß mit Gold. Ein Schauer überfällt ihn; und er geht seiner Wege, ohne den Schatz zu berühren. Später ist er in Görlitz bei einem Schuhmacher in der Lehre. Ein fremder Mann tritt in den Laden und verlangt ein Paar Schuhe. Böhme darf sie ihm in Abwesenheit des Meisters nicht verkaufen. Der Fremde entfernt sich, ruft aber nach einer Weile den Lehrling heraus, und sagt ihm: Jacob, du bist klein, aber du wirst einst ein ganz anderer Mensch werden, über den die Welt in Erstaunen ausbrechen wird. In reiferen Jahren sieht Jacob Böhme beim Glanz der Sonne die Spiegelung eines zinnernen Gefäßes: der Anblick, der sich ihm da bietet, scheint ihm ein tiefes Geheimnis zu entschleiern. Er glaubt sich seit dem Eindrucke dieser Erscheinung im Besitze des Schlüssels zu der Rätselsprache der Natur. – Als geistiger Einsiedler lebt er, bescheiden sich von seinem Handwerk ernährend, und daneben, wie für sein eigenes Gedächtnis, die Töne aufzeichnend, die in seinem Innern klingen, wenn er den Geist in sich fühlt. Zelotischer Priestereifer macht dem Manne das Leben schwer. Er, der nur die Schrift lesen will, die ihm das Licht seines Innern erleuchtet, wird verfolgt und gequält von denen, welchen nur die äußere Schrift, das starre, dogmatische Bekenntnis zugänglich ist.

Ein Welträtsel lebt als Unruhe, die zur Erkenntnis treibt,

in Jacob Böhmes Seele. Er glaubt mit seinem Geiste in eine göttliche Harmonie eingesenkt zu sein; wenn er aber um sich sieht, so sieht er in den göttlichen Werken überall Disharmonie. Dem Menschen eignet das Licht der Weisheit; und doch ist er dem Irrtum ausgesetzt; es lebt in ihm der Trieb zum Guten, und doch klingt der Mißton des Bösen durch die ganze menschliche Entwicklung. Die Natur wird beherrscht von den großen Naturgesetzen; und doch stören Unzweckmäßigkeiten und ein wilder Kampf der Elemente ihren Einklang. Wie ist die Disharmonie in dem harmonischen Weltganzen zu begreifen. Diese Frage quält Jacob Böhme. Sie tritt in den Mittelpunkt seiner Vorstellungswelt. Er will eine Anschauung von dem Weltganzen gewinnen, welche das Disharmonische mit umschließt. Denn wie sollte eine Vorstellung die Welt erklären, welche das vorhandene Disharmonische unerklärt liegen ließe? Die Disharmonie muß aus der Harmonie, das Böse aus dem Guten selbst erklärt werden. Beschränken wir uns, indem wir von diesen Dingen reden, auf das Gute und Böse, in dem die Disharmonie im engeren Sinne im Menschenleben ihren Ausdruck findet. Denn Jacob Böhme beschränkt sich im Grunde darauf. Er kann es, denn ihm erscheinen Natur und Mensch als Eine Wesenheit. Er sieht in beiden ähnliche Gesetze und Vorgänge. Das Unzweckmäßige ist ihm ein Böses in der Natur, wie ihm das Böse ein Unzweckmäßiges im Menschenschicksal ist. Die gleichen Grundkräfte walten da und dort. Wer den Ursprung des Bösen im Menschen erkannt hat, vor dem liegt auch derjenige des Bösen in der Natur offen. – Wie kann nun aus dem gleichen Urwesen das Böse wie das Gute fließen? Wenn man im Sinne Jacob Böhmes spricht, so gibt man die folgende Antwort. Das Urwesen lebt sein Dasein nicht in sich aus. Die Mannigfaltigkeit der Welt nimmt an diesem Dasein teil. Wie der menschliche Leib sein Leben nicht als einzelnes Glied, sondern als eine Vielheit von Gliedern lebt, so auch das Urwesen. Und wie das menschliche Leben in diese Vielheit von Gliedern ausgegossen ist, so das Urwesen in die Mannigfaltigkeit der Dinge dieser Welt. So wahr es ist, daß der ganze Mensch *ein* Leben hat, so wahr ist es, daß jedes Glied sein eigenes Leben hat. Und so wenig es dem ganzen harmonischen Leben des Menschen widerspricht, daß seine Hand sich gegen den eigenen Leib kehrt und diesen verwundet, so wenig ist es unmöglich, daß die Dinge der Welt, die das Leben des Urwesens auf ihre eigene Weise leben, sich gegeneinander kehren. Also schenkt das Urleben, indem es sich auf verschiedene Leben verteilt, einem jeglichen Leben die Fähigkeit, sich gegen das Ganze zu kehren. Nicht aus dem Guten strömt das Böse, sondern aus der Art, wie das Gute lebt. Wie das Licht nur zu scheinen vermag, wenn es die Finsternis durchdringt, so vermag das Gute sich nur zum Leben zu bringen, wenn es seinen Gegensatz durchsetzt. Aus dem «Ungrunde» der Finsternis heraus erstrahlt das Licht; aus dem «Ungrunde» des Gleichgültigen gebiert sich das Gute. Und wie im Schatten nur die Helligkeit den Hinweis auf das Licht verlangt; die Finsternis aber selbstverständlich als das Licht schwächend empfunden wird: so wird auch in der Welt nur die Gesetzmäßigkeit in allen Dingen gesucht, und das Böse, das Unzweckmäßige als das Selbstverständliche hingenommen. Trotzdem also für Jacob Böhme das Urwesen das All ist, so kann doch nichts in der Welt verstanden werden, wenn man nicht das Urwesen und seinen Gegensatz zugleich im Auge hat. «Das Gute hat das Böse oder Widerwärtige in sich verschlungen... Jedes Wesen hat in sich Gutes und Böses, und in seiner Auswicklung, indem es sich in Schiedlichkeit führt, wird es ein Contrarium der Eigenschaften, da eine die andere zu überwältigen sucht.» Es ist daher durchaus im Sinne Jacob Böhmes, in jedem Ding und Vorgang der Welt Gutes und Böses zu sehen; aber es ist nicht in seinem Sinne, ohne weiteres, in der Vermischung des Guten mit dem Bösen das Urwesen zu suchen. Das Urwesen mußte das Böse verschlingen; aber das Böse ist nicht ein Teil des Urwesens. Jacob Böhme sucht den Urgrund der Welt; die Welt selbst aber ist durch den Urgrund aus dem Ungrund entsprungen. «Die äußere Welt ist nicht Gott, wird auch ewig nicht Gott genannt, sondern nur ein Wesen, darin sich Gott offenbart... Wenn man sagt: Gott ist alles, Gott ist Himmel und Erde und auch die äußere Welt, so ist das wahr; denn von ihm und in ihm urständet alles. Was mache ich aber mit einer solchen Rede, die keine Religion ist?» – Mit solcher Anschauung im Hintergrunde erbauten sich in Jacob Böhmes Geist seine Vorstellungen über das Wesen aller Welt, indem er in einer Stufenfolge die gesetzmäßige Welt aus dem Ungrunde erstehen läßt. In sieben Naturgestalten erbaut sich diese Welt. In dunkler Herbigkeit erhält das Urwesen Gestalt, stumm in sich verschlossen und regungslos. Unter dem Symbol des *Salzes* begreift Böhme diese Herbigkeit. Er lehnt sich mit solchen Bezeichnungen an Paracelsus an, der den chemischen Vorgängen die Namen für den Naturprozeß entlehnt hat (vgl. oben S. 116 f.). Durch die Verschlingung ihres Gegensatzes tritt die erste Naturgestalt in die Form der zweiten ein; das

Herbe, Regungslose nimmt die Bewegung auf; Kraft und Leben tritt in sie. Das Quecksilber ist Symbol für diese zweite Gestalt. In dem Kampf der Ruhe und Bewegung, des Todes mit dem Leben, enthüllt sich die dritte Naturgestalt (Schwefel). Dieses in sich kämpfende Leben wird sich offenbar; es lebt fortan nicht mehr einen äußeren Kampf seiner Glieder; es durchbebt wie ein einheitlich leuchtender Blitz sich selbst erhellend sein Wesen (Feuer). Diese vierte Naturgestalt steigt auf zur fünften, dem in sich ruhenden lebendigen Kampf der Teile (Wasser). Auf dieser Stufe ist eine innere Herbigkeit und Stummheit wie auf der ersten vorhanden; nur ist es nicht eine absolute Ruhe, ein Schweigen der inneren Gegensätze, sondern eine innere Bewegung der Gegensätze. Es ruht in sich nicht das Ruhige, sondern das Bewegte, das durch den Feuerblitz der vierten Stufe Entzündete. Auf der sechsten Stufe wird sich die Urwesenheit selbst als solches inneres Leben gewahr; sie nimmt sich durch Sinnesorgane wahr. Die mit Sinnen begabten Lebewesen stellen diese Naturgestalt dar. Jacob Böhme nennt sie Schall oder Hall und setzt damit die Sinnesempfindung des Tones für das sinnliche Wahrnehmen als Symbol. Die siebente Naturgestalt ist der auf Grund seiner Sinneswahrnehmungen sich erhebende Geist (die Weisheit). Er findet sich innerhalb der im Ungrunde erwachsenen, aus Harmonischem und Disharmonischem sich gestaltenden Welt als sich selbst, als Urgrund wieder. «Der heilige Geist führt den Glanz der Majestät in die Wesenheit, darinnen die Gottheit offenbar steht.» – Mit solchen Anschauungen sucht Jacob Böhme *die* Welt zu ergründen, die ihm, nach dem Wissen seiner Zeit, für die tatsächliche gilt. Für ihn sind Tatsachen die von der Naturwissenschaft seiner Zeit und von der Bibel als solche angesehenen. Ein anderes ist seine Vorstellungsart, ein anderes seine Tatsachenwelt. Man kann sich die erstere auf eine ganz andere Tatsachenerkenntnis angewendet denken. Und so erscheint vor unserem Geiste ein Jacob Böhme, wie er auch an der Grenzscheide des neunzehnten und zwanzigsten Jahrhunderts leben könnte. Ein solcher würde mit seiner Vorstellungsart nicht das biblische Sechstagewerk und den Kampf der Engel und Teufel durchdringen, sondern Lyells geologische Erkenntnisse und die Tatsache der «Natürlichen Schöpfungsgeschichte» Haeckels. Wer in den *Geist* von Jacob Böhmes Schriften dringt, der muß zu dieser Überzeugung kommen. (Es seien die wichtigsten dieser Schriften genannt: «Die Morgenröthe im Aufgang.» «Die drei Prinzipien göttlichen Wesens.» «Vom dreifachen Leben des Menschen.» «Das umgewandte Auge.» «Signatura rerum oder von der Geburt und Bezeichnung aller Wesen.» «Mysterium magnum.»)*

* Dieser Satz darf nicht so verstanden werden, als ob in der Gegenwart die Erforschung der Bibel und der geistigen Welt eine Verirrung sei; gemeint ist, daß ein «*Jacob Böhme* des neunzehnten Jahrhunderts» durch ähnliche Wege, wie sie den des sechzehnten Jahrhunderts zur Bibel führten, zu der «natürlichen Schöpfungsgeschichte» geführt würde. Aber er würde von da aus zur geistigen Welt vordringen.

Im ersten Jahrzehnt des sechzehnten Jahrhunderts ersinnt auf dem Schloß zu Heilsberg in Preußen das naturwissenschaftliche Genie des *Nikolaus Kopernikus* (1473–1543) ein Gedankengebäude, das die Menschen der folgenden Zeitalter zwingt, mit anderen Vorstellungen zum gestirnten Himmel aufzusehen, als ihre Ahnen im Altertum und Mittelalter gehabt haben. Diesen war die Erde ihr im Mittelpunkt des Weltalls ruhender Wohnplatz. Die Gestirne aber waren ihnen Wesenheiten von einer vollkommenen Natur, deren Bewegung in Kreisen verlief, weil der Kreis das Bild der Vollkommenheit ist. – In dem, was die Sterne den menschlichen Sinnen zeigten, wurde unmittelbar etwas Seelisches, Geistiges erblickt. Eine andere Sprache redeten zu dem Menschen die Dinge und Vorgänge auf der Erde; eine andere die leuchtenden Gestirne, die jenseits des Mondes im reinen Äther wie ein den Raum erfüllendes Geistwesen erschienen. Nicolaus von Kues hat sich bereits andere Gedanken gebildet. Durch Kopernikus wurde für den Menschen die Erde ein Bruderwesen gegenüber den anderen Himmelskörpern, ein Gestirn, das sich wie andere bewegt. Alle Unterschiedenheit, die sie für den Menschen aufweist, konnte dieser nunmehr nur darauf zurückführen, daß sie sein Wohnplatz ist. Er wurde gezwungen, nicht mehr verschieden über die Vorgänge dieser Erde und über diejenigen des andern Weltraumes zu denken. Seine Sinnenwelt hatte sich bis in die fernsten Räume erweitert. Er mußte, was vom Äther in sein Auge drang, nunmehr ebenso als Sinnenwelt gelten lassen, wie die Dinge der Erde. Er konnte in dem Äther nicht mehr auf sinnliche Weise den Geist suchen.

Mit dieser erweiterten Sinneswelt mußte sich auseinandersetzen, wer fortan nach höherer Erkenntnis strebte. In früheren Jahrhunderten stand der sinnende Menschengeist vor einer anderen Tatsachenwelt. Nun war ihm eine neue Aufgabe gestellt. Nicht mehr die Dinge dieser Erde allein konnten von des Menschen Innern heraus ihr Wesen aussprechen. Dieses Innere mußte den Geist einer Sinnenwelt umfassen, die in überall gleicher Art das räumliche All erfüllt. – Vor einer solchen Aufgabe stand der Denker aus Nola, *Philotheo Giordano Bruno* (1548–1600). Die Sinne haben sich das räumliche Weltall erobert; der Geist ist nun nicht mehr im Raume zu finden. So wurde der Mensch von außen darauf hingewiesen, den Geist fortan nur mehr dort zu suchen, wo ihn, aus tiefen inneren Erlebnissen heraus, die herrlichen Denker gesucht haben, deren Reihe die vorhergehenden Ausführungen an uns vorübergeführt haben. Diese Denker schöpfen aus sich eine Weltanschauung, zu der später eine fortgeschrittene Naturwissenschaft die Menschen zwingt. Die Sonne der Ideen, die später auf eine neue Naturanschauung fallen soll, steht bei ihnen noch unter dem Horizont; aber ihr Licht erscheint bereits als Morgendämmerung in einer Zeit, als die Gedanken der Menschen über die Natur selbst noch im nächtlichen Dunkel liegen. – Das sechzehnte Jahrhundert hat für die Naturwissenschaft den Himmelsraum der Sinnenwelt gegeben, der er rechtmäßig angehört; bis zum Ende des neunzehnten Jahrhunderts war diese Wissenschaft so weit, daß sie auch innerhalb der Erscheinungen des pflanzlichen, tierischen und menschlichen Lebens dasjenige der sinnlichen Tatsachenwelt geben konnte, was dieser zukommt. Weder droben im Äther, noch in der Entwicklung der

Lebewesen darf nunmehr diese Naturwissenschaft etwas anderes suchen als tatsächlich-sinnliche Prozesse. Wie der Denker im sechzehnten Jahrhundert sagen mußte: Die Erde ist ein Stern unter Sternen, den gleichen Gesetzen unterworfen wie andere Sterne – so muß derjenige des neunzehnten Jahrhunderts sagen: «Der Mensch, mag seine Entstehung, seine Zukunft sein, wie sie wolle, ist für die Anthropologie nur ein Säugetier, und zwar dasjenige, dessen Organisation, Bedürfnisse und Krankheiten die verwickeltesten sind, und dessen Gehirn mit seiner bewunderungswürdigen Leistungsfähigkeit den höchsten Grad der Entwicklung erreichte.» (Paul Topinard: «Anthropologie», Leipzig 1888, S. 528.) – Von einem solchen durch die Naturwissenschaft erreichten Gesichtspunkt kann eine Verwechslung von Geistigem und Sinnlichem nicht mehr eintreten, wenn der Mensch sich selbst recht versteht. Die entwickelte Naturwissenschaft macht es unmöglich, in der Natur einen, nach Art des Materiellen gedachten Geist zu suchen, wie ein gesundes Denken es unmöglich macht, den Grund des Vorrückens der Uhrzeiger nicht in den mechanischen Gesetzen (dem Geist der unorganischen Natur), sondern in einem besonderen Dämon zu suchen, der die Zeigerbewegung bewirkte. Mit Recht mußte Ernst Haekkel die grobe Vorstellung von dem nach materieller Art gedachten Gott als Naturforscher zurückweisen. «In den höheren und abstrakteren Religionsformen wird diese körperliche Erscheinung aufgegeben und Gott nur als ‹*reiner Geist*›, ohne Körper verehrt. ‹Gott ist ein Geist, und wer ihn anbetet, soll ihn im Geist und in der Wahrheit anbeten.› Trotzdem bleibt aber die Seelentätigkeit dieses reinen Geistes ganz dieselbe wie diejenige der anthropomorphen Gottesperson. In Wirklichkeit wird auch dieser immaterielle Geist nicht unkörperlich, sondern unsichtbar gedacht, gasförmig. Wir gelangen so zu der paradoxen Vorstellung Gottes als eines *gasförmigen Wirbeltieres.*» (Haeckel, «Die Welträtsel», S. 333.) In Wirklichkeit darf ein sinnlich-tatsächliches Dasein eines Geistigen nur da angenommen werden, wo unmittelbare sinnliche Erfahrung Geistiges zeigt; und es darf nur ein solcher Grad des Geistigen vorausgesetzt werden, als auf diese Art wahrgenommen wird. Der ausgezeichnete Denker *B. Carneri* durfte (in der Schrift «Empfindung und Bewußtsein», S. 15) sagen: «Der Satz: Kein Geist ohne Materie, aber auch keine Materie ohne Geist, – würde uns berechtigen, die Frage auch auf die Pflanze, ja, auf den nächsten besten Felsblock auszudehnen, bei welchem kaum etwas zugunsten dieser Korrelatbegriffe sprechen dürfte.» Geistige Vorgänge als Tatsachen sind die Ergebnisse verschiedener Verrichtungen eines Organismus; der Geist der Welt ist nicht auf materielle Art, sondern eben nur auf geistige Art in der Welt vorhanden. Die Seele des Menschen ist eine Summe von Vorgängen, in denen der Geist am unmittelbarsten *als Tatsache* erscheint. In der Form einer solchen Seele ist aber der Geist *nur* im Menschen vorhanden. Und es heißt den Geist mißverstehen, es heißt, die schlimmste Sünde wider den Geist begehen, wenn man den Geist in Seelenform anderswo als im Menschen sucht, wenn man sich andere Wesen so beseelt denkt, wie den Menschen. Wer dies tut, zeigt nur, daß er den Geist selbst in sich nicht erlebt hat; er hat nur die in ihm waltende äußere Erscheinungsform des Geistes, die Seele, erlebt. Das aber ist gerade so, wie wenn jemand einen mit Bleistift hingezeichneten Kreis für den wirklich mathematisch-idealen Kreis hielte. Wer nichts anderes in sich erlebt, als die Seelenform des Geistes, der fühlt sich dann gedrängt, auch in den nichtmenschlichen Dingen solche Seelenform vorauszusetzen, damit er nicht bei der grob-sinnlichen Materialität stehen zu bleiben brauche. Statt den Urgrund der Welt als Geist zu denken, denkt er ihn als Weltseele, und nimmt eine allgemeine Beseelung der Natur an.

Giordano Bruno, auf den die neue kopernikanische Naturbetrachtung eindrang, konnte auf keine andere Art den Geist in der Welt fassen, aus der er in der alten Form vertrieben war, denn als *Weltseele*. Man hat, wenn man sich in Brunos Schriften vertieft (insbesondere in sein tiefsinniges Buch «Von der Ursache, dem Prinzip und dem Einen»), den Eindruck, daß er sich die Dinge beseelt dachte, wenn auch in verschiedenem Grade. Er hat den Geist in Wirklichkeit nicht in sich erlebt, deshalb denkt er sich ihn nach Art der Menschenseele, in der er ihm allein entgegengetreten ist. Wenn er von Geist spricht, so faßt er ihn in dieser Art auf. «Die universelle Vernunft ist das innerste, wirklichste und eigenste Vermögen und ein potentieller Teil der Weltseele; sie ist ein Identisches, welches das All erfüllt, das Universum erleuchtet und die Natur unterweist, ihre Gattungen, so wie sie sein sollen, hervorzubringen.» Der Geist wird zwar in diesen Sätzen nicht als «gasförmiges Wirbeltier», wohl aber als ein Wesen geschildert, das so ist wie die Menschenseele. «Das Ding sei nun so klein und winzig als es wolle, es hat in sich einen Teil von geistiger Substanz, welche, wenn sie das Substrat dazu angetan findet, sich darnach streckt, eine Pflanze, ein Tier zu werden, und sich zu einem beliebigen

Körper organisiert, welcher gemeinhin beseelt genannt wird. Denn Geist findet sich in allen Dingen, und es ist auch nicht das kleinste Körperchen, welches nicht einen solchen Anteil in sich faßte, daß er sich nicht belebte.» – Weil Giordano Bruno den Geist nicht wirklich als Geist in sich erlebt hat, deshalb konnte er auch das Leben des Geistes mit den äußeren mechanischen Verrichtungen verwechseln, mit denen Raymundus Lullus (1235–1315) in seiner sog. «Großen Kunst» die Geheimnisse des Geistes entschleiern wollte. Ein neuerer Philosoph, Franz Brentano, beschreibt diese «Große Kunst» so: «Auf konzentrischen, vereinzelt drehbaren Kreisscheiben wurden Begriffe aufgezeichnet, und dann dadurch die verschiedenartigsten Kombinationen hergestellt.» Was der Zufall bei der Drehung übereinanderschob, das wurde zu einem Urteile über die höchsten Wahrheiten geformt. Und Giordano Bruno trat auf seinen mannigfaltigen Irrfahrten durch Europa an verschiedenen hohen Schulen als Lehrer dieser «Großen Kunst» auf. Er hat den kühnen Mut gehabt, die Gestirne als Welten zu denken, vollkommen analog unserer Erde; er hat den Blick naturwissenschaftlichen Denkens über die Erde hinaus erweitert; er dachte die *Weltkörper* nicht mehr als *körperliche* Geister; aber er dachte sie doch noch als *seelische* Geister. Man darf nicht ungerecht sein gegen den Mann, den seine fortgeschrittene Vorstellungsart die katholische Kirche mit dem Tode büßen ließ. Es gehörte ein Ungeheures dazu, den ganzen Himmelsraum in dieselbe Weltbetrachtung einzuspannen, die man bis dahin bloß für irdische Dinge hatte, wenn Bruno auch das Sinnliche noch seelisch dachte.

*

Als eine Persönlichkeit, die in einer großen seelischen Harmonie noch einmal aufleuchten ließ, was Tauler, Weigel, Jacob Böhme und andere vorbereitet hatten, erschien im siebzehnten Jahrhundert *Johann Scheffler*, genannt *Angelus Silesius* (1624–1677). Wie in einem geistigen Brennpunkte gesammelt und in erhöhter Leuchtkraft strahlend, erscheinen die Ideen der genannten Denker in seinem Buche: «Cherubinischer Wandersmann. Geistreiche Sinn- und Schlußreime.» Und alles, was Angelus Silesius ausspricht, erscheint als solch eine unmittelbare, selbstverständliche Offenbarung seiner Persönlichkeit, daß es ist, als wenn dieser Mann durch eine besondere Vorsehung berufen worden wäre, die Weisheit in persönlicher Gestalt zu verkörpern. Die selbstverständliche Art, in der er die Weisheit darlebt, kommt dadurch zum Ausdruck, daß er sie in Sprüchen darstellt, die auch bezüglich ihrer Kunstform bewundernswert sind. Er schwebt wie ein Geistwesen über allem irdischen Dasein; und, was er spricht, ist wie der Hauch aus einer anderen Welt, von vornherein befreit von allem Groben und Unreinen aus dem sich sonst menschliche Weisheit nur mühsam herausarbeitet. – Wahrhaft erkennend verhält sich im Sinne des Angelus Silesius nur, wer das Auge des Alls in sich zum Schauen bringt; in wahrem Lichte sieht sein Tun nur, wer dies Tun in sich verrichtet fühlt durch die Hand des Alls: «Gott ist in mir das Feur, und ich in ihm der Schein: sind wir einander nicht ganz inniglich gemein?» – «Ich bin so reich als Gott; es kann kein Stäublein sein, das ich – Mensch glaube mir – mit ihm nicht hab' gemein.» – «Gott liebt mich über sich: lieb ich ihn über mich: so geb ich ihm so viel, als er mir gibt aus sich.» – «Der Vogel in der Luft, der Stein ruht auf dem Land; im Wasser lebt der Fisch, mein Geist in Gottes Hand.» – «Bist du aus Gott geborn, so blühet Gott in dir: und seine Gottheit ist dein Saft und deine Zier.» – «Halt an, wo laufst du hin; der Himmel ist in dir: Suchst du Gott anderswo, du fehlst ihn für und für.» – Für den, der sich so im All fühlt, hört jede Trennung zwischen sich und einem anderen Wesen auf; er empfindet sich nicht mehr als einzelnes Individuum; er empfindet vielmehr alles, was an ihm ist, als Glied der Welt, seine eigentliche Wesenheit aber als dieses Weltall selbst. «Die Welt, die hält dich nicht; du selber bist die Welt, die dich in dir mit dir so stark gefangen hält.» – «Der Mensch hat eher nicht vollkommne Seligkeit: bis daß die Einheit hat verschluckt die Anderheit.» – «Der Mensch ist alle Ding': ist's daß ihm eins gebricht, so kennet er fürwahr sein Reichtum selber nicht.» – Als sinnliches Wesen ist der Mensch ein Ding unter anderen Dingen, und seine sinnlichen Organe bringen ihm als sinnlicher Individualität sinnliche Kunde von den Dingen in Raum und Zeit außer ihm; spricht aber der Geist in dem Menschen, dann gibt es kein Außen und kein Innen; nichts ist hier und nichts ist dort, was geistig ist; nichts ist früher, und nichts ist später: Raum und Zeit sind in der Anschauung des Allgeistes verschwunden. Nur so lange der Mensch als Individuum schaut, ist er hier, und das Ding dort; und nur so lange er als Individuum schaut, ist dies früher, und dies später. «Mensch, wo du deinen Geist schwingst über Ort und Zeit, so kannst du jeden Blick sein in der Ewigkeit.» – «Ich selbst bin Ewigkeit, wann ich die Zeit verlasse, und mich in Gott, und Gott in mich zusammenfasse.» – «Die Rose, welche hier dein äußres Auge sieht, die hat von Ewigkeit in Gott also geblüht.» – «Setz dich in'n Mittelpunkt, so siehst du all's zugleich: was jetzt und dann geschieht, hier und im Himmelreich.» – «So lange dir, mein Freund, im Sinn liegt Ort und Zeit: so faßt du nicht, was Gott ist und die Ewigkeit.» – «Wenn sich der Mensch entzieht der Mannigfaltigkeit, und kehrt sich ein zu Gott, kommt er zur Einigkeit.» – Die Höhe ist damit erstiegen, auf welcher der Mensch hinausschreitet über sein individuelles Ich und jeden Gegensatz zwischen der Welt und sich aufhebt. Ein höheres Leben beginnt für ihn. Wie der Tod des alten und eine Auferstehung im neuen Leben erscheint ihm das innere Erlebnis, das ihn überkommt. «Wann du dich über dich erhebst und läßt Gott walten: so wird in deinem Geist die Himmelfahrt gehalten.» – «Der Leib muß sich im Geist, der Geist in Gott erheben: wo du in ihm, mein Mensch, willst ewig selig leben.» – «So viel mein Ich in mir verschmachtet und abnimmt: so viel des Herren Ich darvor zu Kräften kömmt.» – Von solchem Gesichtspunkt aus erkennt der Mensch seine Bedeutung und die Bedeutung aller Dinge im Reich der ewigen Notwendigkeit. Das natürliche All erscheint ihm unmittelbar als der göttliche Geist. Der Gedanke an einen göttlichen Allgeist, der noch über und neben den Dingen der Welt Sein und Bestand haben könnte, schwindet als eine überwundene Vorstellung dahin. Dieser Allgeist erscheint so in die Dinge ausgeflossen, so mit den Dingen wesenseins geworden, daß er nicht mehr gedacht werden könnte, wenn aus seinem Wesen nur ein einziges Glied weggedacht würde. «Nichts ist, als Ich und Du; und wenn wir zwei nicht sein: so ist Gott nicht mehr Gott, und fällt der Himmel ein.» – Der Mensch fühlt sich als notwendiges Glied in der Weltenkette. Sein

Tun hat nichts mehr von Willkür, oder Individualität an sich. Was er tut, ist notwendig im Ganzen, in der Weltenkette, die auseinanderfiele, wenn dieses sein Tun aus ihr herausfiele. «Gott mag nicht ohne mich ein einzigs Würmlein machen: erhalt ich's nicht mit ihm, so muß es stracks zerkrachen.» – «Ich weiß, daß ohne mich Gott nicht ein Nu kann leben: werd ich zu nicht, er muß von Not den Geist aufgeben.» – Auf dieser Höhe erst sieht der Mensch die Dinge in ihrem rechten Wesen. Er hat nicht mehr nötig, dem Kleinsten, dem Grobsinnlichen eine geistige Wesenheit von außen beizulegen. Denn so wie dieses Kleinste ist, in aller seiner Kleinheit und Grobsinnlichkeit, ist es Glied im All. «Kein Stäublein ist so schlecht, kein Stüpfchen ist so klein: der Weise siehet Gott ganz herrlich drinne sein.» – «In einem Senfkörnlein, so du's verstehen willst: ist aller oberen und untren Dinge Bild.» – Der Mensch fühlt sich auf dieser Höhe frei. Denn Zwang ist nur, wo ein Ding noch von außen zwingen kann. Wenn aber alles Äußere eingeflossen ist in das Innere, wenn der Gegensatz zwischen «Ich und Welt», «Draußen und Drinnen», «Natur und Geist» geschwunden ist: dann fühlt der Mensch alles, was ihn treibt, nur als seinen eigenen Trieb. «Schließ mich, so streng du willst, in tausend Eisen ein: ich werde doch ganz frei und ungefesselt sein.» – «Dafern *mein* Will' ist tot, so *muß* Gott, was ich will: ich schreib ihm selber vor das Muster und das Ziel.» – Nun hören alle von außen kommenden sittlichen Normen auf; der Mensch wird sich Maß und Ziel. Er steht unter keinem Gesetz; denn auch das Gesetz ist *sein* Wesen geworden. «Für Bös' ist das Gesetz; wär kein Gebot geschrieben: die Frommen würden doch Gott und den Nächsten lieben.» – Dem Menschen ist so, auf der höheren Stufe der Erkenntnis, die *Unschuld der Natur* wiedergegeben. Er vollzieht die Aufgaben, die ihm gesetzt sind, im Gefühl einer ewigen Notwendigkeit. Er sagt sich: es ist durch diese eherne Notwendigkeit in deine Hand gegeben, dieser selben ewigen Notwendigkeit das Glied zu entziehen, das dir zugeteilt ist. «Ihr Menschen, lernet doch vom Wiesenblümelein: wie ihr könnt Gott gefall'n und gleichwohl schöne sein.» – «Die Ros' ist ohn' warum, sie blühet, weil sie blühet: sie acht nicht ihrer selbst, fragt nicht, ob man sie siehet.» – Der auf höherer Stufe erstandene Mensch empfindet in sich den ewigen, notwendigen Drang des Alls, wie die Wiesenblume; er handelt, wie die Wiesenblume blüht. Das Gefühl seiner sittlichen Verantwortlichkeit wächst bei all seinem Tun ins Unermeßliche. Denn, was er nicht tut, ist dem All entzogen, ist Tötung dieses Alls, soweit die Möglichkeit solcher Tötung an ihm liegt. «Was ist nicht sündigen? Du darfst nicht lange fragen: geh hin, es werden's dir die stummen Blumen sagen.» – «Alls muß geschlachtet sein. Schlacht'st du dich nicht für Gott, so schlachtet dich zuletzt für'n Feind der ew'ge Tod.»

Zwei und ein halbes Jahrhundert sind nahezu verflossen, seit Angelus Silesius in seinem «Cherubinischen Wandersmann» die tiefe Weisheit seiner Vorgänger gesammelt hat. Reiche Einsichten in die Natur haben diese Jahrhunderte gebracht. *Goethe* hat der Naturwissenschaft eine große Perspektive eröffnet. Er suchte die ewigen, ehernen Gesetze des Naturwirkens bis zu dem Gipfel zu verfolgen, wo sie den Menschen mit ebensolcher Notwendigkeit entstehen lassen, wie sie auf unterer Stufe den Stein hervorbringen (vgl. mein Buch: «Goethes Weltanschauung»). *Lamarck*, *Darwin*, *Haeckel* u.a. haben im Sinne dieser Vorstellungsart weiter gewirkt. Die «Frage aller Fragen», die nach dem natürlichen Ursprung des Menschen, hat im neunzehnten Jahrhundert ihre Antwort erfahren. Andere sich daran schließende Aufgaben im Reiche der natürlichen Vorgänge haben ihre Lösungen gefunden. Man begreift es heute, daß man aus dem Reiche des Tatsächlichen und Sinnlichen nicht herauszutreten braucht, wenn man die Stufenreihe der Wesen, bis herauf zum Menschen, in ihrer Entwickelung rein natürlich verstehen will. – Und auch in das Wesen des menschlichen «Ich» hat der Scharfsinn *J.G. Fichtes* geleuchtet und der menschlichen Seele gezeigt, wo sie sich suchen soll und was sie ist (vgl. oben, S. 17, und den Abschnitt über Fichte in meinem Buche: «Welt- und Lebensanschauungen im neunzehnten Jahrhundert», in Neuausgabe als «Rätsel der Philosophie»). *Hegel* hat das Reich des Gedankens über alle Gebiete des Seins ausgedehnt, und das äußere sinnliche Naturdasein ebenso wie die höchsten Schöpfungen des Menschengeistes in ihrer Gesetzmäßigkeit denkend zu erfassen gesucht (vgl. meine Darstellung Hegels in «Rätsel der Philosophie», Bd. I). – Wie erscheinen die Geister, deren Gedanken in dieser Schrift verfolgt worden sind, im Lichte der Weltanschauung, die mit den wissenschaftlichen Errungenschaften der auf ihre Epochen folgenden Zeiten rechnet? Sie haben noch an eine «übernatürliche» Schöpfungsgeschichte geglaubt. Wie nehmen sich ihre Gedanken vor einer «natürlichen» aus, welche die Naturwissenschaft des neunzehnten Jahrhunderts geschaffen hat? – Diese Naturwissenschaft hat der Natur nichts gegeben, was ihr nicht gehört; sie hat ihr nur genommen, was ihr nicht gehört. Sie hat alles das aus ihr verbannt, was nicht in ihr zu suchen ist, sondern was sich nur im Innern des Menschen findet. Sie sieht kein Wesen mehr in der Natur, das so ist, wie die Menschenseele, und das schafft nach Art des Menschen. Sie läßt die Organismenformen nicht mehr von einem menschenähnlichen Gott *geschaffen* sein; sie verfolgt ihre Entwicklung in der Sinnenwelt nach rein natürlichen Gesetzen. Der Meister Eckhart sowohl wie Tauler, und auch Jacob Böhme wie Angelus Silesius müßten bei Betrachtung dieser Naturwissenschaft die tiefste Befriedigung empfinden. Der Geist, in dem *sie* die Welt betrachten wollten, ist im vollsten Sinne auf diese Naturbetrachtung übergegangen, *wenn sie richtig verstanden wird*. Was sie noch nicht konnten, auch die Tatsachen der Natur selbst in das Licht rücken, das ihnen aufgegangen war, das wäre ihre Sehnsucht ohne Zweifel geworden, wenn diese Naturwissenschaft ihnen vorgelegen hätte. Sie konnten es nicht; denn keine Geologie, keine «natürliche Schöpfungsgeschichte» erzählte ihnen von den Vorgängen in der Natur. Die Bibel allein erzählte ihnen auf ihre Art von solchen Vorgängen. Sie haben deshalb, so gut sie es konnten, das Geistige dort gesucht, wo es allein zu finden ist: im menschlichen Innern. Gegenwärtig hätten sie noch ganz andere Hilfsmittel als zu ihrer Zeit, zu zeigen, daß ein in sinnenfälliger Form existierender Geist nur im Menschen zu finden ist. Sie würden heute rückhaltlos mit denen übereinstimmen, die den Geist als Tatsache nicht in der Wurzel der Natur, sondern in ihrer Frucht suchen. Sie würden zugeben, daß der Geist im Sinnenkörper ein *Entwickelungsergebnis* ist, und daß auf unteren Stufen der Entwicklung ein solcher Geist nicht gesucht werden darf. Sie würden verstehen, daß nicht ein «Schöpfungsgedanke» bei dem Entstehen des Geistes im Organismus gewaltet hat, ebensowenig wie ein solcher «Schöpfungsgedanke» den Affen aus den Beuteltieren hat hervorgehen lassen. – Unsere Gegenwart kann über die Tatsachen der Natur nicht sprechen, wie Jacob Böhme über sie gesprochen hat. Aber es gibt einen Gesichtspunkt auch in dieser Gegenwart, der die Anschauungsweise Jacob Böhmes einer mit der modernen Naturwissenschaft rechnenden Weltanschauung nahe bringt. Man braucht nicht den Geist zu verlieren, wenn man in der Natur nur Natürliches findet. Viele glauben heute allerdings, man müsse in einen flachen und nüchternen Materialismus verfallen, wenn man die von der Naturwissenschaft gefundenen «Tatsachen» einfach hinnimmt. Ich selbst stehe völlig auf dem Boden dieser Naturwissenschaft. Ich habe durchaus die Empfindung, daß bei einer Naturbetrachtung, wie diejenige Ernst Haeckels ist, nur derjenige verflachen kann, der schon mit einer flachen Gedankenwelt an sie herangeht. Ich empfinde ein Höheres, Herrlicheres, wenn ich die

Offenbarungen der «Natürlichen Schöpfungsgeschichte» auf mich wirken lasse, als wenn die übernatürlichen Wundergeschichten der Glaubensbekenntnisse auf mich eindringen. Ich kenne in keinem «heiligen» Buche etwas, das so Erhabenes mir enthüllt, wie die «nüchterne» Tatsache, daß jeder Menschenkeim im Mutterleibe aufeinanderfolgend in Kürze diejenigen Tierformen wiederholt, die seine tierischen Vorfahren durchgemacht haben. Erfüllen wir unser Gemüt mit der Herrlichkeit der Tatsachen, die unsere Sinne schauen, dann werden wir wenig übrig haben für die «Wunder», die nicht im Kreislaufe der Natur liegen. Erleben wir den Geist in uns, dann brauchen wir keinen solchen draußen in der Natur. Ich habe in meiner «Philosophie der Freiheit» meine Weltanschauung beschrieben, die den Geist nicht zu vertreiben glaubt, weil sie die Natur so ansieht, wie sie Darwin und Haeckel ansehen. Eine Pflanze, ein Tier gewinnen für mich nichts, wenn ich sie mit Seelen bevölkere, von denen mir meine Sinne keine Kunde geben. Ich suche nicht in der Außenwelt nach einem «tieferen», «seelischen» Wesen der Dinge, ja ich setze es nicht einmal voraus, weil ich glaube, daß die Erkenntnis, die mir in meinem Innern aufleuchtet, mich davor bewahrt. Ich glaube, daß die Dinge der Sinnenwelt das auch sind, als was sie sich uns darstellen, weil ich sehe, daß eine rechte Selbsterkenntnis uns dahin führt, in der Natur nichts als natürliche Vorgänge zu suchen. Ich suche keinen Gottesgeist in der Natur, weil ich das Wesen des Menschengeistes in mir zu vernehmen glaube. Zu meinen Tier-Ahnen bekenne ich mich ruhig, weil ich zu erkennen glaube, daß dort, wo diese Tier-Ahnen ihren Ursprung haben, kein seelenartiger Geist *wirken kann*. Ich kann Ernst

Haeckel nur zustimmen, wenn er einer Unsterblichkeit, wie sie manche Religion lehrt (vgl. Haeckels «Welträtsel», S. 239), die «ewige Ruhe des Grabes» vorzieht. Denn ich finde eine Herabwürdigung des Geistes, eine widerwärtige Sünde *wider den Geist* in der Vorstellung einer nach Art eines sinnlichen Wesens fortdauernden Seele. – Einen schrillen Mißton höre ich, wenn die naturwissenschaftlichen Tatsachen in Haeckels Darstellung mit der «Frömmigkeit» der Bekenntnisse mancher Zeitgenossen zusammenstoßen. Aber für mich tönt aus Bekenntnissen, die mit natürlichen Tatsachen einen schlechten Zusammenklang geben, nichts von dem Geiste der höheren Frömmigkeit, die ich bei Jacob Böhme und Angelus Silesius finde. Diese höhere Frömmigkeit steht vielmehr mit dem Wirken des Natürlichen in vollem Einklange. Es liegt kein Widerspruch darin, sich mit den Erkenntnissen der neueren Naturwissenschaft zu durchdringen und gleichzeitig den Weg zu betreten, den Jacob Böhme und Angelus Silesius zum Geiste gesucht haben. Wer sich auf diesen Weg im Sinne dieser Denker begibt, der darf nicht fürchten, in flachen Materialismus zu verfallen, wenn er die Geheimnisse der Natur sich von einer «natürlichen Schöpfungsgeschichte» darstellen läßt. Wer meine Gedanken in diesem Sinne auffaßt, der versteht mit mir in gleicher Weise den letzten Spruch des «Cherubinischen Wandersmannes», in den auch diese Schrift ausklingen soll: «Freund, es ist nun auch genug. Im Fall du mehr willst lesen: so geh und werde selbst die Schrift und selbst das Wesen.»

*

Zusatz zur Neuauflage (1923). Diese letzten Sätze dürfen nicht im Sinne einer *ungeistigen* Auffassung der Natur umgedeutet werden. Ich wollte durch sie nur in starker Art betonen, daß der Geist, der der Natur zugrunde liegt, *in* ihr gefunden werden muß, und nicht von außen in sie hineingetragen werden darf. Die Abweisung der «Schöpfungsgedanken» bezieht sich auf ein Schaffen, das ähnlich dem menschlichen, nach Zweckgedanken, ist. Was über die Entwicklungsgeschichte zu sagen ist, wolle man in meinem Buche «Erkenntnistheorie der Goetheschen Weltanschauung» (Vorwort zur Neuauflage) nachlesen.

Nachtrag I (S. 38). Die Furcht vor einer Verarmung des Seelenlebens durch ein Aufsteigen zum Geiste haben nur diejenigen Persönlichkeiten, die den Geist nur in einer Summe von abstrakten Begriffen kennen, welche von den Sinnesanschauungen abgezogen sind. Wer in geistiger Anschauung zu einem Leben sich erhebt, das an Inhalt, an Konkretheit das sinnliche übertrifft, der kann diese Furcht nicht haben. Denn nur in Abstraktionen verblaßt das sinnliche Sein; im «geistigen Anschauen» erscheint es erst in seinem wahren Lichte, ohne von seinem sinnlichen Reichtum etwas zu verlieren.

Nachtrag II (S. 76). In meinen Schriften wird man in verschiedener Art über «Mystik» gesprochen finden. Man wird den *scheinbaren* Widerspruch, den manche Persönlichkeiten darin finden wollen, aufgeklärt finden in den Anmerkungen zur Neuauflage meiner «Erkenntnistheorie der Goetheschen Weltanschauung», S. 110.

Nachtrag III (S. 99). Hier ist andeutungsweise in wenigen Worten auf den Weg zur Geist-Erkenntnis gewiesen, den ich in meinen späteren Schriften, besonders in «Wie erlangt man Erkenntnisse der höheren Welten?», «Die Geheimwissenschaft im Umriß», «Von Seelenrätseln» gekennzeichnet habe.

ANMERKUNGEN ZU DIESER AUSGABE

Bearbeitet durch Caroline Wispler

zu Seite

11 *von Vorträgen ... in der theosophischen Bibliothek zu Berlin:* Vergleiche Rudolf Steiner, «Mein Lebensgang», GA 1962, Bibl.-Nr. 28, Kap. 30, S. 392–396.

in meiner «Philosophie der Freiheit». Grundzüge einer modernen Weltanschauung – Seelische Beobachtungsresultate nach naturwissenschaftlicher Methode (1894), GA 1973, Bibl.-Nr. 4.

Buch über die Weltanschauungen ...: Rudolf Steiner, «Welt- und Lebensanschauungen im neunzehnten Jahrhundert», Band I (Berlin 1900), Band II (Berlin 1901) – erschienen in der Reihe: «Am Ende des Jahrhunderts, Rückschau auf 100 Jahre geistiger Entwicklung, Band XIV und XIX» (ab 1914 erweitert und zusammengefaßt unter dem Titel «Die Rätsel der Philosophie in ihrer Geschichte als Umriß dargestellt», GA 1968, Bibl.-Nr. 18, auch als Taschenbuch erschienen). In der Vorrede zum II. Band heißt es: «Der Leser wird sich überzeugen, daß der Verfasser nicht ein fanatischer Bekenner des modernen naturwissenschaftlichen Glaubensbekenntnisses ist, wenn er auch in Ernst Haeckel einen monumentalen Vertreter moderner Denkweise verehrt. Was uns das naturwissenschaftliche Bekenntnis sein kann, und *auch* wo eine den höheren Bedürfnissen des Menschengeistes Rechnung tragende Ansicht über dieses Bekenntnis hinausgehen muß: darauf glaube ich im Verlaufe meiner Darstellung in gleicher Weise hingedeutet zu haben.»

12 *Es «darf eine Arbeit ...»:* Diese und die folgenden Kritiken über Rudolf Steiner konnten nicht nachgewiesen werden.

14 *Haeckels «Welträtsel»:* Ernst Haeckel (1834–1919), Die Welträtsel. Gemeinverständliche Studien über monistische Philosophie, Bonn 1899, Volksausgabe Bonn 1903.

15 *«Erkenne dich selbst»:* Inschrift des Apollon-Tempels zu Delphi, die einem der sieben griechischen Weisen (u. a. Thales, Chilon) zugeschrieben wird.

«Solches Zeug, sagt man ...»: Georg Wilhelm Friedrich Hegel, Vorlesungen über die Geschichte der Philosophie, hg. von C. L. Michelet, Berlin 1844, 3. Band S. 81/82 (Schlußabschnitt des Ersten Teils: Geschichte der Griechischen Philosophie).

16 *Valentin Weigel, «Erkenne dich Selbst»:* Siehe den Hinweis zu S. 119.

17 *Baruch (Benedictus) Spinoza,* 1632–1677, ist in Amsterdam als Sohn einer portugiesischen Judenfamilie geboren; er wurde wegen seiner Philosophie aus der Synagoge ausgeschlossen und aus Amsterdam verbannt.

daß «die menschliche Seele ...»: Spinoza, Ethik, Teil II, 47. Lehrsatz.

Johann Gottlieb Fichte, 1762–1814, siehe Rudolf Steiner, «Die Rätsel der Philosophie» (Register).

«Denke man eine Welt von Blindgeborenen, ...»: Fichte, Einleitungsvorlesungen in die Wissenschaftslehre, die transzendentale Logik und die Tatsachen des Bewußtseins (Berlin 1812/13), I. Band, Bonn 1834, S. 4 f.

20 *Wenn ich ein König wäre, ...:* Dieser Ausspruch wurde nur bei Meister Eckhart gefunden. Siehe: Deutsche Mystiker des 14. Jahrhunderts, Zweiter Band, Meister Eckhart, hg. von Franz Pfeiffer, Predigt 69, S. 221.

«Die meisten Menschen würden leichter ...»: J. G. Fichte, Grundlage der gesamten Wissenschaftslehre (1794), Anmerkung zu § 4.

23 *«Der neue Sinn ist demnach der Sinn für den Geist, ...»:* J. G. Fichte, Einleitungsvorlesungen in die Wissenschaftslehre, die transzendentale Logik und die Tatsachen des Bewußtseins, Bonn 1834, I. Band S. 19.

«Es ist mit diesem Sinne gesehen worden, ...»: Fichte, a. a. O. S. 7.

26 *«Ignorabismus»-Rede des ... Du Bois-Reymond:* Emil Du Bois-Reymond (1815–1896), Physiologe. «Über die Grenzen des Naturerkennens», Vortrag, gehalten auf der Versammlung Deutscher Naturforscher und Ärzte zu Leipzig am 14. August 1872. 1. Aufl. Leipzig 1872.

27 *Paul Asmus,* 1842–1876, *Das Ich und das Ding an sich.* Geschichte ihrer begrifflichen Entwicklung in der neusten Philosophie, Halle 1873.

30 *Paul Asmus, «Die indogermanische Religion in den Hauptpunkten ihrer Entwickelung»:* Ein Beitrag zur Religionsphilosophie. Erster Band: Indogermanische Naturreligion, Halle 1875.

«von der zureichenden Vorstellung ...»: Spinoza, Ethik V. Teil, 25. Lehrsatz, Beweis.

31 *«Die höchste Tugend der Seele ist, ...»:* Spinoza, ebenda, 27. Lehrsatz, Beweis.

32 *die indische Dichtung «Bhagavad Gita» an, von der ... Humboldt sagte, ...:* Siehe den Brief Humboldts an August Wilhelm Schlegel vom 21. 6. 1823. Briefwechsel zwischen W. v. Humboldt und A. W. Schlegel, hg. von Albert Leitzmann, Halle 1908, S. 157–163. – Humboldt hat am 30. 6. 1825 und 15. 6. 1826 zwei Vorlesungen über die Bhagavad Gita gehalten, die eine Gesamtdarstellung der Dichtung geben: «Über die unter dem Namen Bhagavad Gita bekannte Episode des Mâha-Bhârata», in: W. v. Humboldts Werke, hg. von Albert Leitzmann, 5. Band 1823–1826, Berlin 1906, S. 190–232 und S. 325–344. – Siehe von Rudolf Steiner: «Die Bhagavad Gita und die Paulusbriefe», GA 1960, Bibl.-Nr. 142.

«Ein ewiger Strahl von mir, ...»: Bhagavad Gita, XV. Gesang, 7–10.

33 *«Wer sich erhoben hat, ...»:* Bhagavad Gita XVIII. Gesang, 17.

«Hiermit ist das beendet, ...»: Spinoza, Ethik V. Teil, Anmerkung nach dem 42. Lehrsatz (Schluß des Werkes).

33/4 *«Kenne ich mein Verhältnis zu mir selbst ...»:* «Goethes Naturwissenschaftliche Schriften», hg. von Rudolf Steiner in Kürschners «Deutsche National-Litteratur», 5 Bde. (Nachdruck Dornach 1975), Band V, Sprüche in Prosa 1. Abt.: Das Erkennen, S. 349.

34 *«Und so lang du das nicht hast, ...»:* Goethe, letzte Strophe des Gedichtes «Selige Sehnsucht» aus dem West-östlichen Divan.

34/5 *«Ich weiß, daß* ohne mich ...*»:* Angelus Silesius, Cherubinischer Wandersmann, I. Buch, Spruch 8.

35 *«Gott mag nicht ohne mich ...»:* a. a. O., I. Buch, Spruch 96.

Robert Hamerling, 1830–1889, Die Atomistik des Willens, Beiträge zur Kritik der modernen Erkenntnis, 2. Band, Hamburg 1891.

39 *Meister Eckhart:* Über das äußere Leben dieses größten Denkers der deutschen Mystik ist wenig bekannt: Er ist um 1250 wohl bei Gotha in Sachsen geboren; als Dominikaner studierte und – nach seiner Promotion 1302 – lehrte er in Paris. 1303–1311 war er Provinzialprior seines Ordens in Sachsen, las anschliessend wieder in Paris und lehrte als Prediger 1312–1325 in Straßburg (und

wahrscheinlich Frankfurt); seit 1325 hatte er das Lektorat des Dominikanerordens in Köln inne. Im letzten Lebensjahr wurde er durch den Erzbischof von Köln der Häresie angeklagt, welche Auslegung seiner Worte er 1327 noch öffentlich verwarf; zwei Jahre nach seinem Tode wurden 26 seiner Sätze vom Papst verurteilt. – Die im Text vorkommenden Zitate konnten nicht vollständig nachgewiesen werden. Zugrunde gelegt wurde die Ausgabe von Franz Pfeiffer, Deutsche Mystiker des vierzehnten Jahrhunderts, Zweiter Band: Meister Eckhart, Leipzig 1857. – Eine historisch-kritische Ausgabe der deutschen und lateinischen Werke Meister Eckharts, im Auftrage der Deutschen Forschungsgemeinschaft, ist weitgehend erschienen; die deutschen Predigten und Traktate sind bearbeitet von Josef Quint.

39 *Thomas von Aquino*, 1225–1274. Als Sohn des Grafen von Aquino trat er 16jährig gegen den Willen der Eltern in den Dominikanerorden und wurde Schüler des Albertus Magnus, zu dem er 1245 nach Paris reiste und ihm 1248 nach Köln folgte; 1252 ging er zurück nach Paris, wo er zusammen mit Bonaventura (siehe Hinweis zu S. 75) promovierte. In der folgenden Zeit war er für seinen Orden vorwiegend in Italien tätig, Bologna, Neapel u. a. Auf dem Weg zum Konzil in Lyon starb er. Er wurde Doctor angelicus genannt und 1323 heilig gesprochen. – Siehe Rudolf Steiner, «Die Philosophie des Thomas von Aquino», Drei Vorträge 1920, GA 1967, Bibl.-Nr. 74 (auch als Taschenbuch erschienen).

40 *der heilige Augustin:* Aurelius Augustinus, 354–430. Kirchenvater, für die Entwicklung von Theologie und Philosophie gleich einflußreich. – Siehe Rudolf Steiner, «Das Christentum als mystische Tatsache und die Mysterien des Altertums», GA 1976, Bibl.-Nr. 8, S. 166–173 (auch als Taschenbuch erschienen).

«Ich würde dem Evangelium nicht glauben ...»: Augustinus, Contra epistulam Manichaei quam vocant fundamenti, 6.

«Was wir gehört, was wir mit unseren Augen gesehen, ...»: 1. Johannesbrief, 1 und 3.

«Es ist euch nütze, daß ...»: Johannes 16, 7.

«Recht, als ob er spräche: ...»: Eckhart, Tractat «Von Abgeschiedenheit», Pfeiffer S. 491/92.

«Etliche Leute wollen Gott ...»: Nicht nachgewiesen.

41 *«Einfältige Leute wähnen, ...»:* Eckhart, Predigt 65, Pfeiffer S. 206.

41 *«Ein Meister spricht: ...»:* Eckhart, Predigt 13, Pfeiffer S. 64.

«Der himmlische Vater gebiert ...»: Nicht nachgewiesen.

«Ziehet euch Jesum Christum an»: Römer 13, 14. – Siehe Eckhart, Tractat «Von Abgescheidenheit», Pfeiffer S. 491.

42 *«Gott ist Mensch geworden, ...»:* Eckhart, Vom Gottesreich. – Nicht bei Pfeiffer aufgenommen; siehe Meister Eckharts Schriften und Predigten, aus dem Mittelhochdeutschen übersetzt und hg. von H. Büttner, Jena 1909, Band 2, S. 209.

«Hier sollst du wissen, ...»: Eckhart, Tractat «Von Abgescheidenheit», Pfeiffer S. 488.

46 *«Dessen nimm ein Gleichnis. Eine Tür ...»:* a. a. O., S. 489.

«Fünklein der Seele»: Dieser Ausdruck wird sehr häufig von Eckhart verwandt, ähnlich wie früher bei Bonaventura; siehe z. B. Predigt 32, Pfeiffer S. 113–115.

ist «so lauter und so hoch, ...»: Eckhart, Predigt 60, Pfeiffer S. 193/194.

47 *«Dies Fünklein, das ist Gott, ...»:* Nicht nachgewiesen.

«Es ist daher zu wissen, daß das Eines ist ...»: Eckhart, Predigt 7, Pfeiffer S. 38.

48 *«Ich sprech bei guter Wahrheit ...»:* Eckhart, Predigt 60, Pfeiffer S. 192.

«Es ist eine sichere Wahrheit, ...»: Eckhart, Predigt 9, Pfeiffer S. 60.

49 *«Ich danke nicht Gott, ...»:* Eckhart, Predigt 73, Pfeiffer S. 231.

«Wenn ich komme in den Grund der Gottheit, ...»: Eckhart, Predigt 56, Pfeiffer S. 181.

50 *«Wir sollen mit Gott vereinigt werden ...»:* Nicht nachgewiesen.

«Gott zwingt den Willen nicht, ...»: Eckhart, Predigt 74, Pfeiffer S. 232.

51 *«Der gerechte Mensch dienet weder Gott, ...»:* Nicht nachgewiesen.

«Der Mensch, der da steht in Gottes Willen ...»: Eckhart, Predigt 74, Pfeiffer S. 232.

52 *«Es sprechen etliche Menschen: ...»:* Ebenda.

«Denn alles, was das Verständnis ...»: Nicht nachgewiesen.

«Der Gerechten Seligkeit und ...»: Eckhart, Predigt 59, Pfeiffer S. 189/90.

53 *Johannes Tauler,* um 1300–1361, ist eine Generation jünger als Meister Eckhart, als dessen Schüler der junge Dominikaner wohl um 1325 in Köln studierte, zur selben Zeit wie Heinrich Suso. Tauler wirkte als Beichtvater und predigte hauptsächlich in seiner Heimatstadt Straßburg, zeitweilig, während der kirchlichen Wirren unter König Ludwig dem Bayern, in denen auch Straßburg unter päpstlichem Bann stand, in Basel. Er lebte in Verbindung mit jenen gottzugewandten Männern und Frauen – Geistlichen und Laien in Straßburg, Basel und Schwaben u. a. –, die sich als Gottesfreunde bezeichneten, und die in freiwilliger Armut und Zurückgezogenheit die Grundsätze der Mystik praktisch lebten und sich gegenseitig auf ihren inneren Wegen unterstützten.

Heinrich Suso: Siehe Hinweis zu S. 72.

Johannes Ruysbroeck: Siehe Hinweis zu S. 74.

54 *«Der Mensch ist recht, als ob er ...»:* Die von Rudolf Steiner verwendete Übersetzung: Johann Tauler's Predigten, in jetzige Schriftsprache übertragen von Julius Hamberger, Frankfurt a. M. 1864, Predigt 129, III. Teil S. 114 (Auf des heiligen Kreuzes Erhebung. Die andere Predigt).

«Der eine ist der auswendige, ...»: Tauler, Predigt 93, Hamberger II. Teil S. 225/26 (Am 13. Sonntag nach Trinitatis. Die andere Predigt).

55 *Wilhelm Preger,* Geschichte der deutschen Mystik im Mittelalter. I. Teil: Geschichte der deutschen Mystik bis zum Tode Meister Eckharts, Leipzig 1874. – II. Teil: Ältere und neuere Mystik in der ersten Hälfte des XIV. Jahrhunderts. Heinrich Suso. Leipzig 1881. – III. Teil: Tauler. Der Gottesfreund vom Oberlande. Merswin. Leipzig 1893.

«Das Auge, durch das ich Gott sehe, ...»: Eckhart, Predigt 96, Pfeiffer S. 312.

57 *die Vereinigung mit Gott «nehmen unverständige Menschen ...»:* Tauler, Predigt 72, Hamberger, II. Teil S. 94 (Auf unsers Herrn Fronleichnams-Tag. 3. Predigt).

58 *«Gott wirket alle seine Werke...»:* Tauler, Predigt 83, Hamberger, II. Teil S. 167 (Am 6. Sonntag nach Trinitatis).

«Herodes, der das Kind verjagte...»: Tauler, Predigt 15, Hamberger, I. Teil S. 113 (An der heiligen drei Könige Abend).

59 *«Soll der Mensch in der Wahrheit...»:* Tauler, Predigt 45a, Hamberger, I. Teil S. 270 (Auf Ostern. Die andere Predigt).

«Der Mensch soll entweichen...»: Nicht nachgewiesen.

«Denn das wahrhafte und ewige Wort Gottes...»: Tauler, siehe die damit übereinstimmende Stelle in Predigt 145, Hamberger, III. Teil, S. 190/91 (Drei sinnreiche Lehren und nützliche Unterweisungen von der Beichte).

61 *«Das Buch des Meisters»:* Es ist zugänglich unter dem Titel: Nicolaus von Basel, Bericht von der Bekehrung Taulers, hg. von Karl Schmidt, Straßburg 1875.

«Denn wisset, Gott hat alles...»: Im letzten Kapitel des «Meisterbuches», hg. von K. Schmidt, S. 62. Siehe auch Preger III, S. 54.

61/62 *Heinrich S. Denifle,* Die Dichtungen des Gottesfreundes im Oberlande. In: Steinmeyer, Zeitschrift für Deutsches Alterthum und deutsche Literatur, Band XXIV und XXV, Berlin 1880 und 1881.

62 *Rulman Merswin,* 1307–1382, ein reicher Straßburger Bürger, der auf seinen Besitz verzichtete und das Bruderhaus zum «Grünen Wörth» in Straßburg gründete, das Haus für eine Gemeinschaft von «Gottesfreunden», der er selber angehörte, und die mit wenig freiwilligen Regeln ein klosterähnliches Leben führte, kirchlich der Pflege des Johanniterordens unterstellt. Dort wurden die Schriften abgeschrieben und gehütet, die Rudolf Steiner im folgenden aufzählt, und die mit jener Gestalt des «Gottesfreundes vom Oberland» verbunden sind.

(Diese in Betracht kommenden Schriften...): Sie sind alle in dem Urkundenbuch des Johanniterhauses zum «Grünen Wörth» in Straßburg, dem sogenannten «Großen deutschen Memorial» enthalten. Zugänglich sind die meisten in: Karl Schmidt, Nicolaus von Basel – Leben und ausgewählte Schriften, Wien 1866. – Siehe auch: Wilhelm Rath, Der Gottesfreund vom Oberland, sein Leben geschildert auf Grundlage der Urkundenbücher des Johanniterhauses «Zum Goldenen Wörth» in Straßburg (Stuttgart 1962).

66 *Als Führer ... stellt sich eine Schrift dar, ... :* Theologia deutsch – Die leret gar manchen lieblichen underscheit gotlicher warheit und seit gar hohe und gar schone ding von einem volkomen leben, nach der einzigen bis jetzt bekannten Handschrift hg. von Franz Pfeiffer, 2. verbesserte u. mit einer neudeutschen Übersetzung vermehrte Auflage, Stuttgart 1855.

67 *«Wenn Gott alle Menschen an sich nähme, ...»:* Theologia deutsch, 3. Kapitel, Pfeiffer S. 11/13.

68 *das «Annehmen»:* Theol. d., 2. Kapitel, Pfeiffer S. 7/9.

69 *«Das Vollkommene ist ein Wesen, ...»:* Theol. d., 1. Kapitel, Pfeiffer S. 3/5/7.

70 *«Wenn sich die Kreatur etwas Gutes annimmt, ...»:* Theol. d., 2. Kapitel, Pfeiffer S. 9.

«die geschaffene Seele des Menschen ...»: Theol. d., 7. Kapitel, Pfeiffer S. 25.

«Der Mensch sollte also gar frei ...»: Theol. d., 15. Kapitel, Pfeiffer S. 51/53.

71 *«Denn Gottes Eigenschaft ist ohne dies ...»:* Theol. d., 24. Kapitel, Pfeiffer S. 87.

«Kann der Mensch dazu gelangen, ...»: Theol. d., 54. Kapitel, Pfeiffer S. 233.

72 *Heinrich Suso,* 1295–1366, ist in Überlingen geboren und bereits 13jährig in den Dominikanerorden in Konstanz eingetreten; schon früh führte er ein streng asketisches Leben mit schweren Kasteiungen. Er studierte in Straßburg und Köln, wo er Schüler Meister Eckharts war. Als Lektor und Prior seines Ordens in Konstanz mußte er sich 1336 wegen seiner Verteidigung Eckhartscher Sätze, die dem Interdikt verfallen waren, vor Gericht verantworten. Während der Verbannungszeit seines Orgens zog er durch Schwaben und war geistlicher Berater besonders in zahlreichen Nonnenklöstern, wo er viele Schülerinnen fand; unter ihnen war *Elsbet Stäglin* im Kloster Töß bei Winterthur (gest. um 1350), die, zunächst ohne sein Wissen, seine Lebensgeschichte niederschrieb.

72/73 *«Zu dem Wesen kehre deine Augen ...»:* Heinrich Suso, Lebensbeschreibung, Kapitel 55, Eine Ausrichtung: Wo und wie Gott ist. In: Heinrich Susos, genannt Amandus, Leben und Schriften, hg. von Melchior Diepenbrock, Regensburg 1884, S. 292.

73 *«Büchlein von der ewigen Weisheit»:* H. Suso, hg. Diepenbrock, S. 311–415.

73/74 *«Erkennst du mich nicht?...»:* H. Suso, Büchlein von der ewigen Weisheit, Erster Teil, Kapitel 5, Diepenbrock, S. 326.

74 *«Den Unterschied zwischen lauterer Wahrheit...»:* H. Suso, Lebensbeschreibung, Kapitel 55, Diepenbrock S. 299.

Johannes Ruysbroek (Jan van R., 1294–1381), Flame; er war Vikar und Priester in Brüssel und zog sich 1354 in das Augustinerkloster Grünthal (bei Waterloo) zurück, als dessen Prior er starb. Er übte freimütig Kritik an der Veräußerlichung der Kirche. Die Art seiner Mystik trug ihm den Namen «Doctor ecstaticus» ein.

Johannes Gerson (Jean le Charlier de Gerson, 1363–1429), einer der einflußreichsten Theologen Frankreichs im 15. Jahrhundert, der insbesondere gegen das päpstliche Schisma kämpfte und den Namen «Doctor christianissimus» erhielt. Sein Versuch, die Mystik mit der Scholastik zu verbinden: «Considerationes de mystica theologia speculativa et practica».

75 *Richard von St. Victor* (gest. 1173), Schotte, Prior und Abt des Klosters St. Victor in Paris, Schüler und Nachfolger des Hugo von St. Victor, der den wissenschaftlichen Ruhm dieses Augustinerklosters begründete. Die Victoriner wurzeln mehr in der kirchlich scholastischen Tradition als in der Mystik.

Bonaventura, 1221–1274, eigentlich Johannes Fidanza, aus der Toscana stammender Franziskaner. Er studierte in Paris und promovierte zusammen mit Thomas von Aquino. Seit 1257 war er Minister generalis seines Ordens und wurde 1273 Kardinal und Bischof. Als päpstlicher Legat nahm er am Konzil zu Lyon teil, während dessen Verlauf er starb. Die Kirche gab ihm den Namen «Doctor Seraphicus».

77 *Nicolaus von Kues,* 1401–1464, war zunächst Doctor der Rechte in Padua, wurde aber 1428 Geistlicher, der mit vielen päpstlichen Gesandtschaften betraut nach Basel, Konstantinopel, zahlreichen Orten Deutschlands, Frankreichs und der Niederlande kam. 1448 wurde er Kardinal und erhielt das Bistum Brixen; dessen Verwaltung führte jedoch zu politischen Schwierigkeiten, die ihn aus seinem Bistum vertrieben. Nicolaus war sowohl Theologe und Philosoph, Astronom und Mathematiker, wie auch Kirchenpolitiker.

Nicolaus Kopernikus: Siehe den Hinweis zu S. 130.

77 *Tycho (de) Brahe,* 1546–1601, dänischer Astronom. – *«Die Erde ist eine grobe, schwere...»:* Vgl. Tycho Brahe, Opera omnia, hg. von I. L. Dreyer, Mauniae 1929, S. 220/21; die Antwort Tycho Brahes an den Astronomen Christoph Rothmann in Kassel, 1590.

80 *Karl Werner,* Franz Suarez und die Scholastik der letzten Jahrhunderte, 2. Band, Regensburg 1861.

81 *Otto Willmann,* Geschichte des Idealismus, 2. Band, Der Idealismus der Kirchenväter und der Realismus der Scholastiker, Braunschweig 1896.

83 *Die Theologie der Vorzeit verteidigt von Joseph Kleutgen,* Priester der Gesellschaft Jesu, Erster Band, Münster 1867 (in dieser 2. verbesserten und sehr vermehrten Auflage in veränderter Form, S. 47).

85 *Johannes Scotus Erigena,* um 810–877, wahrscheinlich irischer Herkunft; er wurde von Karl dem Kahlen als philosophischer Lehrer nach Paris geholt. 860 veröffentlichte er ohne päpstliche Erlaubnis die Übersetzung der Schriften des Dionysius Areopagita (siehe S. 87), was ihm den Haß der Kirche eintrug; der bezog sich aber auch auf seine anderen Schriften: «Über die Praedestination» und die fünf Bücher «Über die Einteilung der Natur», die 1225 öffentlich verbrannt wurden. – Siehe über Erigena und Dionysius Rudolf Steiner, «Perspektiven der Menschheitsentwickelung», GA 1977, Bibl.-Nr. 204, die Vorträge vom 2. und 3. Juni 1921.

86 *«gelehrte Unwissenheit»:* So auch als Titel von Cusanus' berühmtester Schrift: De docta ignorantia (3 Bücher).

er «schaut, ohne Begreifen»: «visio sine comprehensione», so in der Schrift: De apice theoriae.

87 *«Ich machte viele Versuche,...»:* De docta ignorantia, Buch III. Schluß: Brief des Autors an den Herrn Kardinal Julianus.

Dionysius Areopagita: Siehe Apostelgeschichte, 17,34. – Es handelt sich um die Schriften: «Von den Gottesnamen», «Über die mystische Theologie», «Von der himmlischen Hierarchie» und «Von der kirchlichen Hierarchie». Siehe dazu O. Willmann, Band II, S. 201–216.

93 *Hermann Helmholtz,* 1821–1894, Die Tatsachen in der Wahrnehmung. Rede, gehalten zur Stiftungsfeier der Friedrich-Wilhelm-Universität zu Berlin am 3. August 1878 (Berlin 1879).

96 *Erich Adickes,* 1866–1928, Philosoph. – Kant contra Haeckel, Erkenntnistheorie gegen naturwissenschaftlichen Dogmatismus, Berlin 1901, S. 120.

97 *daß er ... nichts anderes zeigt als den theologischen Lehrgehalt:* Siehe Nicolaus Cusanus, De docta ignorantia, Buch III.

100 *Heinrich Cornelius Agrippa von Nettesheim,* 1487–1535. Siehe einen weiteren Hinweis auf seine Lehre in Rudolf Steiner, «Die Weltgeschichte in anthroposophischer Beleuchtung und als Grundlage der Erkenntnis des Menschengeistes. Mysterienstätten des Mittelalters. Rosenkreuzertum und modernes Einweihungsprinzip», GA 1962, Bibl.-Nr. 233, S. 204 ff.

Johannes Trithemius von Sponheim, 1462–1516, trat 1482 in das Benediktinerkloster zu Sponheim ein, dessen Abt er bereits 1485 wurde; ab 1506 führte er das Kloster zu Würzburg, hochangesehen wegen seiner umfassenden Gelehrsamkeit, insbesondere die «Geheimen Wissenschaften» betreffend.

103 *Moriz Carrière,* 1817–1895, Philosoph, Ästhetiker.

«Agrippa gibt ein großes Register ...»: Nicht nachgewiesen.

104 *Deshalb durfte der Abt Trithem ...:* Brief Trithems vom 8. 4. 1510, Antwort und Dank für die Übersendung der «Geheimen Philosophie» – in: Heinrich Cornelius Agrippas von Nettesheim Magische Werke, zum ersten Male vollständig in's Deutsche übersetzt, 4. Aufl. Meisenheim/Glan o. J., Band I, S. 37 (In diesem Band befindet sich auch ein Lebensabriß Agrippas).

104/105 *«Steganographia»:* Zugänglich durch Wolfgang Ernst Heidel, Johannes Trithemii Steganographia, Norimbergae (Nürnberg) 1721. Vgl. zu diesem System einer «Geheimschrift» Isidor Silbernagel, Johannes Trithemius. Eine Monographie, Regensburg 1885, Kap. 14.

105/106 *Agrippa schreitet in drei Stufen zum höheren Erkennen fort:* Siehe «Geheime Philosophie», Buch I, Kap. 1; ausgeführt in den drei ersten Büchern.

106 *Theophrastus Bombastus Paracelsus von Hohenheim,* 1493–1541; aus Einsiedeln (Schwyz) geboren, führte dieser große Arzt, Philosoph und Naturforscher ein an Reisen und Studien reiches Leben, wobei wohl auch Trithem von Sponheim sein Lehrer gewesen ist. Zwischen 1526 und 1528 war er Stadtarzt in Basel und Ordinarius der Universität, mußte aber wegen Streitigkeiten mit Magistrat und Ärzteschaft Basel wieder verlassen. Er lebte von da an

unstet an den verschiedensten Orten Süddeutschlands, oft in großem äußeren Elend, und verfaßte während dieser Zeit seine großen medizinischen und chemischen Schriften. Er starb in Salzburg. – Siehe Johannes Hemleben, Paracelsus. Revolutionär, Arzt und Christ, Stuttgart 1972. (Darin befindet sich auch das Porträt von Paracelsus mit seinem Wahlspruch: «Alterius non sit, qui suus esse potest»). – Siehe von Rudolf Steiner: Paracelsus. Öffentlicher Vortrag, Berlin 26. April 1906, in: «Die Welträtsel und die Anthroposophie», GA 1966, Bibl.-Nr. 54, S. 477–497; sowie: Von Paracelsus zu Goethe. Öffentlicher Vortrag, Berlin 9. November 1911, in: «Menschengeschichte im Lichte der Geistesforschung», GA 1962, Bibl.-Nr. 61, S. 99–125.

107 *Claudius Galen*, 131–201 n. Chr., Philosoph und Arzt aus Pergamon, der in seinen zahlreichen Schriften die gesamte Medizin des Altertums zusammenzufassen suchte; er galt noch bis ins 16. Jahrhundert als unbedingte Autorität für die Ärzte im Morgen- und Abendland.

Avicenna, 980–1070, arabischer Arzt, der auf aristotelisch wissenschaftlicher Grundlage einen Kanon zur Grundlegung des medizinischen Studiums schuf.

«Der Arzt muß durch der Natur Examen gehen, ...»: Paracelsus, Volumen Paramirum und Opus Paramirum, hg. von Franz Strunz, Jena (Diederichs) 1904; Opus Param. Buch I, Kap. 1, S. 85.

«Ich bin der Kunst nachgegangen ...»: Nicht nachgewiesen.

«Wer der Wahrheit nach will, ...»: Paracelsus, Das Buch Paragranum, hg. von Franz Strunz, Leipzig (Diederichs) 1903, Der dritte Grund der Medizin, welcher ist Alchimia, S. 83.

«Mir nach; ich nicht euch, ...»: Paracelsus, Das Buch Paragranum, Vorrede, Strunz, S. 11.

Rhases (Râsi, um 850 geb., zwischen 911 und 932 gest.), arabischer Arzt und Musiker.

Mesur (Mesue, um 777–857), arabischer Arzt aus Gondischapur.

108 *«Von der Natur bin ich nicht subtil gesponnen ...»:* Sieben Defensionen. Die sechste Defension, zitiert nach P. R. Netzhammer, Paracelsus. Das Wissenswerteste über dessen Leben, Lehre und Schriften, Einsiedeln 1901, S. 85.

«Wie kann ich nicht seltsam sein dem, ...»: Opus paramirum, 2. Buch (Schluß), Strunz, S. 172.

108 *«Wenn die gesunde Natur des Menschen ...»:* Goethe, Winckelmann, «Antikes», Sophienausgabe Band 46, Weimar 1891, S. 22.

113 *«Es ist nichts körperlich, ...»:* Nicht nachgewiesen.

114 *«Das Fleisch muß also verstanden werden, ...»:* Nicht nachgewiesen.

115 *Karl von Linné*, 1707–1778, schwedischer Naturforscher und Arzt, Botaniker.

«Spezies von Lebewesen zählen so viele, ...»: Linné, Genera plantarum, Frankfurt 1789, S. XII: Species tot sunt diversae, quot diversae formes ab initio creavit infinitum ens.

116 *«Denn die Natur bringt nichts an den Tag, ...»:* Das Buch Paragranum, Der dritte Grund der Medizin, welcher ist Alchimia, Strunz, S. 70.

«Diese Vollendung ist Alchymie ...»: Ebenda.

«Darum so mag ich billig ...»: a. a. O., S. 86.

«Die dritte Säule der Medizin ist Alchymie, ...»: Wohl frei zitiert nach «Paragranum», a. a. O., S. 70.

119 *Valentin Weigel*, 1533–1588, ist in Grossenhain (bei Dresden) geboren, hat in Leipzig und Wittenberg studiert und sein ganzes weiteres Leben als Pfarrer in Zschopau verbracht. Seine Schriften hat er bewußt geheim gehalten und sie nur handschriftlich den nächsten Freunden anvertraut, um unverfolgt von der Kirche als Pfarrer wirken und seine Gedankenwelt ausbilden zu können.

Sebastian Frank, 1499–1542, in Donauwörth geborener, protestantischer Pfarrer; er studierte schon früh die älteren deutschen Mystiker und hatte persönlichen Kontakt mit C. Schwenckfeldt. Verfolgungen der Kirche vertrieben ihn sowohl aus Nürnberg, wie später auch aus Ulm und Straßburg. Er starb nach einem z. T. kümmerlich umherirrenden Leben in Basel. Neben seinem religiösen Werk hat er mit der «Chronica: Zeitbuch und Geschichtbibel von Anbeginn bis 1531» u. a. Schriften den Anfang der deutschen Geschichtsforschung gemacht.

Caspar Schwenckfeldt, 1490–1561; der Schlesier war früh für die Neuerungen Luthers gewonnen und schrieb 1527 selber einen Sendbrief über das Wesen des Abendmahls in einem überkonfessionellen, mystischen Sinne. Das führte jedoch zu seiner Verfolgung von seiten der Lutheraner. Er lebte von da an weitgehend im Verborgenen, zunächst in Straßburg, dann in Schwaben und am Rhein und starb in Ulm.

119 *Weigels Schriften:* Die angeführten Werke sind erschienen in Newenstatt 1616 und 1618. – Eine neue Ausgabe Sämtlicher Schriften hg. von Will Erich Peukert und Winfried Zeller erscheint laufend seit 1962, Stuttgart/Bad Cannstadt.

121 *Immanuel Kant,* 1724–1804. Siehe auch Rudolf Steiner, «Die Rätsel der Philosophie» (auch als Taschenbuch erschienen), das Kapitel «Das Zeitalter Kants und Goethes», S. 137 ff.

Wenn auch die Erkenntnis aus dem Menschen fließt,...: Siehe zum folgenden: Kap. 10 ff. im «Güldenen Griff».

123 *Jacob Böhme,* 1575–1624, ist bei Görlitz in einer Bauernfamilie geboren und wurde zum Schusterhandwerk bestimmt. Als Geselle auf Wanderschaft lernte er wahrscheinlich die Schriften Schwenckfeldts kennen und nahm Anteil an den Kämpfen um Protestantismus und Katholizismus. Er führte dann ein äußerlich ruhiges, von Frömmigkeit bestimmtes Handwerker- und Familienleben in Görlitz. Erst 1610 schrieb er zum ersten Mal seine Erleuchtungen in der «Morgenröte im Aufgang» nieder, die jedoch den Widerstand des Magistrats und der Kirche erregte und ihm das Verbot zum weiteren Schreiben eintrug. Böhme hat sich sieben Jahre daran gehalten und erst in den letzten sechs Lebensjahren den Reichtum seiner Gedanken auch in Schriften und Sendschreiben niedergelegt. – Siehe von Rudolf Steiner: Jakob Böhme. Öffentlicher Vortrag, Berlin 3. Mai 1906, in: «Die Welträtsel und die Anthroposophie», GA 1966, Bibl.-Nr. 54, S. 498–512; sowie Jakob Böhme. Öffentlicher Vortrag, Berlin 9. Januar 1913, in: «Ergebnisse der Geistesforschung», GA 1960, Bibl.-Nr. 62, S. 220–248.

«Als ich in Gottes Beistand rang...»: Böhme, Apologia I contra Balthasar Tilken, Vorrede 25. und 26.

«dieweil ich nicht sei dabei gewesen...»: Böhme, fast gleichlautend: Mysterium magnum, Kapitel 9, 1.2., sowie: Die drei Prinzipien göttlichen Wesens, Kapitel 7, 6.

124 *Als er sich einmal als Knabe auf dem Gipfel eines Berges befindet:* Siehe zu dieser und den weiteren Berichten aus dem Leben Jakob Böhmes: Abraham von Franckenberg, Bericht von dem Leben und Abschied des in Gott selig ruhenden Jakob Böhme. Abgedruckt in: Schriften Jakob Böhmes, ausgewählt und hg. von Hans Kayser, Leipzig 1920.

127 *«Das Gute hat das Böse ...»:* Wörtlich nicht nachgewiesen. Der Gedanke wird jedoch sehr oft von Böhme ausgesprochen; siehe z. B.: Mysterium magnum, Kap. 10, 15. Und: 177 Fragen von göttlicher Offenbarung, 3. Frage, 2. ff.

«Die äußere Welt ist nicht Gott, ...»: Böhme, Anti-Stiefelius II, 316.

«Wenn man sagt: Gott ist alles, ...»: Böhme, Apolologia II contra Balthasar Tilken, 140. (nicht ganz wörtlich).

In sieben Naturgestalten erbaut sich diese Welt: Böhme, siehe z. B. Claves VIII, Von der ewigen Natur und ihren sieben Eigenschaften.

128 *«Der heilige Geist führt den Glanz ...»:* Böhme, Vom dreifachen Leben des Menschen, Kap. 4, 82. und Kap. 5, 39.

129 *Charles Lyell,* 1797–1875, englischer Geologe; «Principles of Geology», 3 Bände 1830–33.

Ernst Haeckel, Natürliche Schöpfungsgeschichte, Gemeinverständlich wissenschaftliche Vorträge über die Entwicklungslehre, 2 Teile Berlin 1868/69.

Jacob Böhmes Schriften: Jakob Böhmes sämmtliche Werke, hg. von K. W. Schiebler, 7 Bände, Leipzig 1841–1847.

130 *Nikolaus Kopernikus,* 1473–1543, stammt aus Thorn; seine vielseitigen Studien begann er in Krakau und setzte sie in Bologna und Padua fort. Sie galten der Theologie, Medizin, Mathematik und Astronomie, in Italien besonders der Jurisprudenz und den alten Sprachen. Seit 1512 war er Domherr zu Frauenburg. Sein Hauptwerk: «De revolutionibus orbium cœlestium» blieb bis kurz vor seinem Tode ungedruckt; es war zunächst geschützt durch eine Widmung an den Papst, kam aber im Zusammenhang mit dem Galileiprozeß 1616 auf den Index.

131 *Philotheo Giordano Bruno,* 1548–1600, aus Nola bei Neapel; er ist früh in den Dominikanerorden eingetreten und später mit ihm in Konflikt geraten; so groß wie seine Abneigung gegen Aristoteles und die Scholastik, war seine Hinneigung zu Nicolaus Cusanus, Kopernikus und Raimundus Lullus (s. u.). Aus Neapel, Rom und dem kirchlichen Zwang geflohen, führte er ein unstetes Philosophen-Wanderleben, das ihn u. a. über Genf, Paris, London, Wittenberg, Prag, Frankfurt zurück nach Italien brachte. In

Venedig wurde er der Inquisition ausgeliefert und 1600 zum Feuertod verurteilt.

133 *Bartholomäus von Carneri,* Empfindung und Bewußtsein, Monistische Bedenken, Bonn 1893.

134 *«Die universelle Vernunft ist ...»:* Bruno, Von der Ursache, dem Prinzip und dem Einen, Zweiter Dialog; übersetzt von Paul Seliger, Leipzig o. J. (Reclam), S. 70.

134/135 *«Das Ding sei nun so klein und winzig ...»:* a.a.O., S. 82. Beides sind Aussagen des «Theophilo».

135 *Raymundus Lullus,* 1235–1315, Katalone aus Mallorca, der nach einem ausschweifenden Leben allem äußeren Glanz entsagte und sich zum «Streiter Christi» bestimmte. Seine Hauptaufgabe sah er in der intellektuellen Überwindung des Arabismus. Nach mehrfachen siegreichen öffentlichen Disputationen, die ihm arabische Verfolgung und Gefangenschaft eintrugen, starb er als Märtyrer. Er war Franziskaner und erhielt den Namen «Doctor illuminatus».

Franz Brentano, 1838–1917, Philosoph und Psychologe.

«Auf konzentrischen, vereinzelt drehbaren ...»: Brentano, Die vier Phasen der Philosophie und ihr augenblicklicher Stand, Stuttgart 1895, S. 20.

136 *Angelus Silesius* (Johann Scheffler, 1624–1677) stammt aus einer Breslauer Protestantenfamilie, studierte in Straßburg, Leiden und Padua Medizin. 1653 konvertierte er zum Katholizismus und wurde kaiserlicher Hofmedikus. 1661 trat er in den Minoritenorden und empfing die Priesterweihe. Seit 1664 war er geistlicher Rat des Fürstbischofs zu Breslau.

Cherubinischer Wandersmann oder geistreiche Sinn- und Schlußreime zur göttlichen Beschaulichkeit anleitend (6 Bücher), 1657. – Angelus Silesius, Sämtliche poetische Werke in drei Bänden, hg. von H. L. Held, München 1949, Band 3.

«Gott ist in mir das Feur, ...»: Silesius, Cherubinischer Wandersmann, I. Buch, 11.

«Ich bin so reich als Gott; ...»: I. Buch, 14.

«Gott liebt mich über sich: ...»: I. Buch, 18.

«Der Vogel in der Luft, ...»: I. Buch, 80.

137 *«Bist du aus Gott geborn, ...»:* I. Buch, 81.

137 *«Halt an, wo laufst du hin; ...»:* I. Buch, 82.

«Die Welt, die hält dich nicht; ...»: II. Buch, 85.

«Der Mensch hat eher nicht ...»: IV. Buch, 10.

«Der Mensch ist alle Ding': ...»: I. Buch, 140.

«Mensch, wo du deinen Geist ...»: I. Buch, 12.

«Ich selbst bin Ewigkeit, ...»: I. Buch, 13.

«Die Rose, welche hier dein äußeres Auge ...»: I. Buch, 108.

138 *«Setz dich in'n Mittelpunkt, ...»:* II. Buch, 183.

«So lange dir, mein Freund, ...»: IV. Buch, 215.

«Wenn sich der Mensch entzieht ...»: IV. Buch, 224.

«Wann du dich über dich erhebst ...»: IV. Buch, 56.

«Der Leib muß sich im Geist, ...»: V. Buch, 88.

«So viel mein Ich in mir verschmachtet ...»: V. Buch, 126.

«Nichts ist, als Ich und Du; ...»: II. Buch, 178.

139 *«Gott mag nicht ohne mich ...»:* I. Buch, 96.

«Ich weiß, daß ohne mich ...»: I. Buch, 8.

«Kein Stäublein ist so schlecht, ...»: IV. Buch, 160.

«In einem Senfkörnlein, ...»: IV. Buch, 161.

«Schließ mich, so streng du willst, ...»: I. Buch, 118.

«Dafern mein *Will ist tot, ...»:* I. Buch, 98.

«Für Bös' ist das Gesetz; ...»: V. Buch, 277.

140 *«Ihr Menschen, lernet doch ...»:* I. Buch, 288.

«Die Ros' ist ohn' warum, ...»: I. Buch, 289.

«Was ist nicht sündigen? ...»: III. Buch, 98.

«Alls muß geschlachtet sein ...»: V. Buch, 193.

141 *mein Buch: «Goethes Weltanschauung»:* (1897), GA 1963, Bibl.-Nr. 6.

141 *Jean Lamarck*, 1744–1829.

Charles Darwin, 1809–1882.

145 *«Freund, es ist nun auch genug ...»:* VI. Buch, 263.

146 *meinem Buche: «Grundlinien einer Erkenntnistheorie der Goetheschen Weltanschauung* mit besonderer Rücksicht auf Schiller» (1886), GA 1960, Bibl.-Nr. 2.

147 *«Wie erlangt man Erkenntnisse der höheren Welten?»:* (1904), GA 1975, Bibl.-Nr. 10 (auch als Taschenbuch erschienen).

«Die Geheimwissenschaft im Umriß»: (1910), GA 1977, Bibl.-Nr. 13 (auch als Taschenbuch erschienen).

«Von Seelenrätseln»: (1917), GA 1976, Bibl.-Nr. 21.

PERSONENREGISTER

Adickes, Erich (1866–1928) 96
Agrippa von Nettesheim (1487–1535) 100–106
Angelus Silesius (Johann Scheffler, 1624–1677) 11, 17, 34, 136–140, 141, 142, 145
Asmus, Paul (1842–1876) 27, 30, 67
Augustinus, Aurelius (354–430) 40
Avicenna (980–1070) 107

Böhme, Jacob (1575–1624) 7, 8, 123–129, 136, 142, 143, 145
Bonaventura (Johannes Fidanza, 1221–1274) 75
Brahe, Tycho (1546–1601) 77
Brentano, Franz (1838–1917) 135
Brockdorff, Graf und Gräfin 11
Bruno, Philotheo Giordano (1548–1600) 131, 134, 135

Carneri, Bartholomäus von (1821–1909) 133
Carrière, Moriz (1817–1895) 103

Darwin, Charles (1809–1882) 141, 144
Denifle, Heinrich S. (1844–1905) 61/62
Dionysius Areopagita 87
Du Bois-Reymond, Emil (1815–1896) 26

Eckhart, Meister (um 1250–1327) 8, 11, 17, 39–52, 53, 55, 72, 74, 77, 85, 87, 119, 142

Fichte, Johann Gottlieb (1762–1814) 17, 20, 23, 24, 141
Frank, Sebastian (1499–1542) 119

Galen, Claudius (131–201) 107
Gerson, Johannes (1363–1429) 74–76
Goethe, Johann Wolfgang (1749–1832) 33, 34, 108, 113, 141
Gottesfreund vom Oberland 61, 62, 67

Haeckel, Ernst (1834–1919) 11, 13, 14, 96, 129, 132, 141, 143, 144, 145
Hamerling, Robert (1830–1889) 35
Hegel, Georg Wilhelm Friedrich (1770–1831) 15, 16, 28, 141
Heidel, Wolfgang Ernst (?) 105
Helmholtz, Hermann (1821–1894) 93
Humboldt, Wilhelm von (1767–1835) 32
Hume, David (1711–1776) 12

Johannes Scotus Erigena (um 810–877) 85, 87

Kant, Immanuel (1724–1804) 12, 13, 121
Kleutgen, Joseph (1811–1883) 83
Kopernikus, Nikolaus (1473–1543) 77, 130, 134

Lamarck, Jean (1744–1829) 141
Linné, Karl von (1707–1778) 115
Lullus, Raymundus (1235–1315) 135
Luther, Martin (1483–1546) 66
Lyell, Charles (1797–1875) 129

Merswin, Rulman (1307–1382) 62
Mesur (um 777–857) 107

Nikolaus von Kues (1401–1464) 8, 77–79, 85–89, 97–99, 100, 121, 122, 130

Paracelsus (Theophrastus Bombastus von Hohenheim, 1493–1541) 7, 100, 104, 106–118, 119, 127
Paulus (gest. um 64 n. Chr.) 41, 87
Pfeiffer, Franz (1815–1868) 66
Plato (427–347 v. Chr.) 31
Plotin (um 205–270) 16
Preger, Wilhelm (1827–1896) 55, 62
Proklus (410–485) 16

Rhases (um 850 – um 932) 107
Richard von St. Victor (gest. um 1173) 75
Ruysbroeck, Johannes (1294–1381) 53, 72, 74–76

Schwenckfeldt, Caspar (1490–1561) 119
Spinoza, Baruch (1632–1677) 17, 30, 31, 33
Stäglin, Elsbet (gest. um 1350) 73
Suso, Heinrich (1295–1366) 53, 72–74, 75, 85, 119

Tauler, Johannes (um 1300–1361) 20, 53–66, 72, 73, 77, 85, 89, 119, 136, 142
Thomas von Aquino (1225–1274) 39, 78, 79
Trithem von Sponheim (1462–1516) 100, 104

Weigel, Valentin (1533–1588[?]) 16, 17, 119–123, 136
Werner, Karl (1821–1888) 80/81
Willmann, Otto (1839–1920) 81, 83

LITERATURHINWEIS

(GA = Rudolf Steiner Gesamtausgabe)

Zur Weiterführung und Vertiefung der Darstellungen des vorliegenden Bandes sei auf folgende Ausgaben von Rudolf Steiner verwiesen:

Schriften

Das Christentum als mystische Tatsache und die Mysterien des Altertums. GA 1976, Bibl.-Nr. 8 (auch als Taschenbuch tb 619)

Die Rätsel der Philosophie in ihrer Geschichte als Umriß dargestellt. GA 1968, Bibl.-Nr. 18 (auch als Taschenbuch tb 610 und 611)

Vorträge

Paracelsus (Berlin, 26. April 1906) in: *Die Welträtsel und die Anthroposophie.* GA 1966, Bibl.-Nr. 54

Jakob Böhme (Berlin, 3. Mai 1906) in: *Die Welträtsel und die Anthroposophie.* GA 1966, Bibl.-Nr. 54

Was ist Mystik? (Berlin, 10. Februar 1910) in: *Pfade der Seelenerlebnisse.* GA 1957, Bibl.-Nr. 58 (auch als Taschenbuch tb 622)

Von Paracelsus zu Goethe (Berlin, 16. November 1911) in: *Menschengeschichte im Lichte der Geistesforschung.* GA 1962, Bibl.-Nr. 61

Makrokosmos und Mikrokosmos. Die große und die kleine Welt. Seelenfragen, Lebensfragen, Geistesfragen. Elf Vorträge, Wien 21. bis 31. März 1910, mit einem vorangehenden öffentlichen Vortrag, Wien 19. März 1910. GA 1962, Bibl.-Nr. 119 (besonders der dritte Vortrag)

Der Mensch im Lichte von Okkultismus, Theosophie und Philosophie. Zehn Vorträge, Kristiania (Oslo) 2. bis 12. Juni 1912. GA 1973, Bibl.-Nr. 137 (besonders der vierte und fünfte Vortrag)

(Da die in Vorträgen gegebenen Ausführungen Rudolf Steiners über *Mystik, Mystiker* und *mystisches Erkennen* sehr zahlreich und weit verstreut sind, sind hier nur einige wichtige Vorträge angegeben.)

Das Lebenswerk, welches Rudolf Steiner der Nachwelt hinterlassen hat, dürfte nach Gehalt und Umfang innerhalb der Kulturwelt wohl ohne Beispiel dastehen. Seine Schriften – die Werke und Aufsätze – bilden die Grundlage für das, was er im Laufe seines Lebens in Vorträgen und Kursen seinen Zuhörern als «anthroposophisch orientierte Geisteswissenschaft» von immer neuen Aspekten aus darstellte und ausführte. Der größte Teil dieser rund sechstausend Vorträge ist in Nachschriften erhalten geblieben. Daneben entfaltete er auch auf künstlerischem Gebiet eine große Tätigkeit, welche ihren Höhepunkt in der Errichtung des ersten Goetheanumbaues in Dornach fand. So liegen eine große Anzahl malerischer, plastischer und architektonischer Arbeiten, Entwürfe und Skizzen von seiner Hand vor. Die durch ihn gegebenen Anregungen für die Erneuerung zahlreicher Lebensgebiete beginnen in der gegenwärtigen Zeit vermehrte Beachtung zu finden.

Seit dem Jahre 1956 wird durch die «Rudolf Steiner-Nachlaßverwaltung» an der Herausgabe der *«Rudolf Steiner Gesamtausgabe»* gearbeitet, die einen Umfang von etwa 330 Bänden erhalten wird. In den beiden ersten Abteilungen erscheinen die *Schriften* und das *Vortragswerk,* während in einer dritten Abteilung das *künstlerische Werk* in geeigneter Form zur Wiedergabe gelangt.

Einen systematischen Überblick über das Gesamtwerk gibt die 1961 erschienene Bibliographie: *«Rudolf Steiner. Das literarische und künstlerische Werk. Eine bibliographische Übersicht»,* auf welche sich die im folgenden verwendete Bezeichnung «Bibl.-Nr.» bezieht. Über den jeweiligen Stand der erschienenen Bände orientiert der Katalog des «Rudolf Steiner Verlages».

Chronologischer Lebensabriß

(zugleich Übersicht über die geschriebenen Werke)

1861 Am 27. Februar wird Rudolf Steiner in Kraljevec (damals Österreich-Ungarn, heute Jugoslawien) als Sohn eines Beamten der österreichischen Südbahn geboren. Seine Eltern stammen aus Niederösterreich. Er verlebt seine Kindheit und Jugend an verschiedenen Orten Österreichs.

1872 Besuch der Realschule in Wiener-Neustadt bis zum Abitur 1879.

1879 Studium an der Wiener Technischen Hochschule: Mathematik und Naturwissenschaft, zugleich Literatur, Philosophie und Geschichte. Grundlegendes Goethe-Studium.

1882 Erste schriftstellerische Tätigkeit.

1882–1897 Herausgabe von Goethes Naturwissenschaftlichen Schriften in Kürschners «Deutsche National-Litteratur», fünf Bände (Bibl.-Nr. 1a–e). Eine selbständige Ausgabe der Einleitungen erschien 1925 unter dem Titel *Goethes Naturwissenschaftliche Schriften* (Bibl.-Nr. 1).

1884–1890 Privatlehrer bei einer Wiener Familie.

1886 Berufung zur Mitarbeit bei der Herausgabe der großen «Sophien-Ausgabe» von Goethes Werken.
Grundlinien einer Erkenntnistheorie der Goetheschen Weltanschauung mit besonderer Rücksicht auf Schiller (Bibl.-Nr. 2).

1888 Herausgeber der «Deutschen Wochenschrift», Wien (Aufsätze daraus in Bibl.-Nr. 31). Vortrag im Wiener Goethe-Verein: *Goethe als Vater einer neuen Ästhetik* (in Bibl.-Nr. 30).

1890–1897 Weimar. Mitarbeit am Goethe- und Schiller-Archiv. Herausgeber von Goethes Naturwissenschaftlichen Schriften.

1891 Promotion zum Doktor der Philosophie an der Universität Rostock. 1892 erscheint die erweiterte Dissertation: *Wahrheit und Wissenschaft. Vorspiel einer «Philosophie der Freiheit»* (Bibl.-Nr. 3).

1894 *Die Philosophie der Freiheit. Grundzüge einer modernen Weltanschauung. Seelische Beobachtungsresultate nach naturwissenschaftlicher Methode* (Bibl.-Nr. 4).

1895 *Friedrich Nietzsche. Ein Kämpfer gegen seine Zeit* (Bibl.-Nr. 5).

1897 *Goethes Weltanschauung* (Bibl.-Nr. 6).
Übersiedlung nach Berlin. Herausgabe des «Magazin für Literatur» und der «Dramaturgischen Blätter» zusammen mit O. E. Hartleben. (Aufsätze daraus in Bibl.-Nrn. 29–32.) Wirksamkeit in der «Freien literarischen Gesellschaft», der «Freien dramatischen Gesellschaft», im «Giordano Bruno-Bund», im Kreis der «Kommenden» u. a.

1899–1904 Lehrtätigkeit an der von W. Liebknecht gegründeten Berliner «Arbeiter-Bildungsschule».

1900/01 *Welt- und Lebensanschauungen im 19. Jahrhundert*, 1914 erweitert zu: *Die Rätsel der Philosophie* (Bibl.-Nr. 18). Beginn der anthroposophischen Vortragstätigkeit auf Einladung der Theosophischen Gesellschaft in Berlin. *Die Mystik im Aufgange des neuzeitlichen Geisteslebens* (Bibl.-Nr. 7).

1902–1912 Aufbau der Anthroposophie. Regelmäßige öffentliche Vortragstätigkeit in Berlin und ausgedehnte Vortragsreisen in ganz Europa. Marie von Sivers (ab 1914 Marie Steiner) wird seine ständige Mitarbeiterin.

1902 *Das Christentum als mystische Tatsache und die Mysterien des Altertums* (Bibl.-Nr. 8).

1903 Begründung und Herausgabe der Zeitschrift «Luzifer», später «*Lucifer-Gnosis*» (Aufsätze in Bibl.-Nr. 34).

1904 *Theosophie. Einführung in übersinnliche Welterkenntnis und Menschenbestimmung* (Bibl.-Nr. 9).

1904/05 *Wie erlangt man Erkenntnisse der höheren Welten?* (Bibl.-Nr. 10). *Aus der Akasha-Chronik* (Bibl.-Nr. 11). *Die Stufen der höheren Erkenntnis* (Bibl.-Nr. 12).

1910 *Die Geheimwissenschaft im Umriß* (Bibl.-Nr. 13).

1910–1913 In München werden die *Vier Mysteriendramen* (Bibl.-Nr. 14) uraufgeführt.

1911 *Die geistige Führung des Menschen und der Menschheit* (Bibl.-Nr. 15).

1912 *Anthroposophischer Seelenkalender. Wochensprüche* (in Bibl.-Nr. 40, und selbständige Ausgaben). *Ein Weg zur Selbsterkenntnis des Menschen* (Bibl.-Nr. 16).

1913 Trennung von der Theosophischen und Begründung der Anthroposophischen Gesellschaft.
Die Schwelle der geistigen Welt (Bibl.-Nr. 17).

1913–1923 Errichtung des in Holz als Doppelkuppelbau gestalteten ersten Goetheanum in Dornach/Schweiz.

1914–1923 Dornach und Berlin. In Vorträgen und Kursen in ganz Europa gibt Rudolf Steiner Anregungen für eine Erneuerung auf vielen Lebensgebieten: Kunst, Pädagogik, Naturwissenschaften, soziales Leben, Medizin, Theologie. Weiterbildung der 1912 inaugurierten neuen Bewegungskunst «Eurythmie».

1914 *Die Rätsel der Philosophie in ihrer Geschichte als Umriß dargestellt* (Bibl.-Nr. 18).

1916–1918 *Vom Menschenrätsel* (Bibl.-Nr. 20). *Von Seelenrätseln* (Bibl.-Nr. 21). *Goethes Geistesart in ihrer Offenbarung durch seinen «Faust» und durch das Märchen «Von der Schlange und der Lilie»* (Bibl.-Nr. 22).

1919 Rudolf Steiner vertritt den Gedanken einer «Dreigliederung des sozialen Organismus» in Aufsätzen und Vorträgen, vor allem im süddeutschen Raum. *Die Kernpunkte der sozialen Frage in den Lebensnotwendigkeiten der Gegenwart und Zukunft* (Bibl.-Nr. 23). *Aufsätze über die Dreigliederung des sozialen Organismus* (Bibl.-Nr. 24). Im Herbst wird in Stuttgart die «Freie Waldorfschule» begründet, die Rudolf Steiner bis zu seinem Tode leitet.

1920 Beginnend mit dem Ersten anthroposophischen Hochschulkurs finden im noch nicht vollendeten Goetheanum fortan regelmäßig künstlerische und Vortragsveranstaltungen statt.

1921 Begründung der Wochenschrift «Das Goetheanum» mit regelmäßigen Aufsätzen und Beiträgen Rudolf Steiners (in Bibl.-Nr. 36).

1922 *Kosmologie, Religion und Philosophie* (Bibl.-Nr. 25). In der Silvesternacht 1922/23 wird der Goetheanumbau durch Brand vernichtet. Für einen neuen in Beton konzipierten Bau kann Rudolf Steiner in der Folge nur noch ein erstes Außenmodell schaffen.

1923 Unausgesetzte Vortragstätigkeit, verbunden mit Reisen. Zu Weihnachten 1923 Neubegründung der «Anthroposophischen Gesellschaft» als «Allgemeine Anthroposophische Gesellschaft» unter der Leitung Rudolf Steiners.

1923–1925 Rudolf Steiner schreibt in wöchentlichen Folgen seine unvollendet gebliebene Selbstbiographie *Mein Lebensgang* (Bibl.-Nr. 28) sowie *Anthroposophische Leitsätze* (Bibl.-Nr. 26), und arbeitet mit Dr. Ita Wegman an dem Buch *Grundlegendes für eine Erweiterung der Heilkunst nach geisteswissenschaftlichen Erkenntnissen* (Bibl.-Nr. 27).

1924 Steigerung der Vortragstätigkeit. Daneben zahlreiche Fachkurse. Letzte Vortragsreisen in Europa. Am 28. September letzte Ansprache zu den Mitgliedern. Beginn des Krankenlagers.

1925 Am 30. März stirbt Rudolf Steiner in Dornach.

RUDOLF STEINER GESAMTAUSGABE

Überblick über das literarische und künstlerische Werk

Erste Abteilung: Die Schriften

I. *Werke*

Goethes Naturwissenschaftliche Schriften, eingeleitet und kommentiert von R. Steiner, 5 Bände (Bibl.-Nr. 1a–e); separate Ausgabe der Einleitungen (Bibl.-Nr. 1)
Grundlinien einer Erkenntnistheorie der Goetheschen Weltanschauung (Bibl.-Nr. 2)
Wahrheit und Wissenschaft. Vorspiel einer «Philosophie der Freiheit» (Bibl.-Nr. 3)
Die Philosophie der Freiheit (Bibl.-Nr. 4)
Friedrich Nietzsche, ein Kämpfer gegen seine Zeit (Bibl.-Nr. 5)
Goethes Weltanschauung (Bibl.-Nr. 6)
Die Mystik im Aufgange des neuzeitlichen Geisteslebens und ihr Verhältnis zur modernen Weltanschauung (Bibl.-Nr. 7)
Das Christentum als mystische Tatsache und die Mysterien des Altertums (Bibl.-Nr. 8)
Theosophie. Einführung in übersinnliche Welterkenntnis und Menschenbestimmung (Bibl.-Nr. 9)
Wie erlangt man Erkenntnisse der höheren Welten? (Bibl.-Nr. 10)
Aus der Akasha-Chronik (Bibl.-Nr. 11)
Die Stufen der höheren Erkenntnis (Bibl.-Nr. 12)
Die Geheimwissenschaft im Umriß (Bibl.-Nr. 13)
Vier Mysteriendramen: Die Pforte der Einweihung – Die Prüfung der Seele – Der Hüter der Schwelle – Der Seelen Erwachen (Bibl.-Nr. 14)
Die geistige Führung des Menschen und der Menschheit (Bibl.-Nr. 15)
Anthroposophischer Seelenkalender (in Bibl.- Nr. 40)
Ein Weg zur Selbsterkenntnis des Menschen (Bibl.-Nr. 16)
Die Schwelle der geistigen Welt (Bibl.-Nr. 17)
Die Rätsel der Philosophie in ihrer Geschichte als Umriß dargestellt (Bibl.-Nr. 18)
Vom Menschenrätsel (Bibl.-Nr. 20)
Von Seelenrätseln (Bibl.-Nr. 21)
Goethes Geistesart in ihrer Offenbarung durch seinen «Faust» und durch das «Märchen von der Schlange und der Lilie» (Bibl.-Nr. 22)
Die Kernpunkte der sozialen Frage in den Lebensnotwendigkeiten der Gegenwart und Zukunft (Bibl.-Nr. 23)
Aufsätze über die Dreigliederung des sozialen Organismus und zur Zeitlage 1915–1921 (Bibl.-Nr. 24)

Kosmologie, Religion und Philosophie (Bibl.-Nr. 25)

Anthroposophische Leitsätze (Bibl.-Nr. 26)

Grundlegendes für eine Erweiterung der Heilkunst nach geisteswissenschaftlichen Erkenntnissen. Von Dr. Rudolf Steiner und Dr. Ita Wegman (Bibl.-Nr. 27)

Mein Lebensgang (Bibl.-Nr. 28)

II. *Gesammelte Aufsätze*

Gesammelte Aufsätze zur Dramaturgie 1889–1900 (Bibl.-Nr. 29)

Methodische Grundlagen der Anthroposophie. Gesammelte Aufsätze zur Philosophie, Naturwissenschaft, Ästhetik und Seelenkunde 1884–1901 (Bibl.-Nr. 30)

Gesammelte Aufsätze zur Kultur- und Zeitgeschichte 1887–1901 (Bibl.-Nr. 31)

Gesammelte Aufsätze zur Literatur 1886–1902 (Bibl.-Nr. 32)

Biographien und biographische Skizzen 1894–1905 (Bibl.-Nr. 33)

Luzifer-Gnosis. Grundlegende Aufsätze zur Anthroposophie und Berichte aus der Zeitschrift «Luzifer» und «Lucifer-Gnosis» 1903–1908 (Bibl.-Nr. 34)

Philosophie und Anthroposophie. Gesammelte Aufsätze 1904–1918 (Bibl.-Nr. 35)

Der Goetheanumgedanke inmitten der Kulturkrisis der Gegenwart. Gesammelte Aufsätze aus der Wochenschrift «Das Goetheanum» 1921–1925 (Bibl.-Nr. 36)

III. *Veröffentlichungen aus dem Nachlaß*

Briefe – Wahrspruchworte – Bühnenbearbeitungen – Entwürfe zu den Vier Mysteriendramen 1910–1913 – Anthroposophie. Ein Fragment aus dem Jahre 1910 – Gesammelte Skizzen und Fragmente – Aus Notizbüchern und -blättern (Bibl.-Nrn. 38–47)

Zweite Abteilung: Das Vortragswerk

I. *Öffentliche Vorträge*

Die Berliner öffentlichen Vortragsreihen («Architektenhaus-Vorträge») 1903/04–1917/18 (Bibl.-Nrn. 51–67)

Öffentliche Vorträge, Vortragsreihen und Hochschulkurse an anderen Orten Europas 1906–1924 (Bibl.-Nrn. 68–84)

II. *Vorträge vor Mitgliedern der Anthroposophischen Gesellschaft*

Vorträge und Vortragszyklen allgemein-anthroposophischen Inhalts – Evangelien-Betrachtungen – Christologie – Geisteswissenschaftliche Menschenkunde – Kosmische und menschliche Geschichte – Die geistigen Hintergründe der sozialen Frage – Der Mensch in seinem Zusammenhang mit dem Kosmos – Karma-Betrachtungen (Bibl.-Nrn. 91–244)

Vorträge und Schriften zur Geschichte der anthroposophischen Bewegung und der Anthroposophischen Gesellschaft (Bibl.-Nrn. 251–263)

III. *Vorträge und Kurse zu einzelnen Lebensgebieten*

Vorträge über Kunst: Allgemein-Künstlerisches – Eurythmie – Sprachgestaltung und Dramatische Kunst – Musik – Bildende Künste – Kunstgeschichte (Bibl.-Nrn. 271–292)

Vorträge über Erziehung (Bibl.-Nrn. 293–311)

Vorträge über Medizin (Bibl.-Nrn. 312–319)

Vorträge über Naturwissenschaft (Bibl.-Nrn. 320–327)

Vorträge über das soziale Leben und die Dreigliederung des sozialen Organismus (Bibl.-Nrn. 328–341)

Vorträge für die Arbeiter am Goetheanumbau (Bibl.-Nrn. 347–354)

Dritte Abteilung: Das künstlerische Werk

Reproduktionen und Veröffentlichungen aus dem künstlerischen Nachlaß

Originalgetreue Wiedergaben von malerischen und graphischen Entwürfen und Skizzen in Kunstmappen oder als Einzelblätter

---

Die Bände der Rudolf Steiner Gesamtausgabe sind innerhalb einzelner Gruppen einheitlich ausgestattet. Jeder Band ist einzeln erhältlich. Ausführliche Verzeichnisse können beim Verlag angefordert werden.